AF562026

J. KRISHNAMURTI

WAS IST ES, NACH DEM DU SUCHST?

WAS IST ES, NACH DEM DU SUCHST?

J. KRISHNAMURTI

FBV

Bibliografische Information der Deutschen Nationalbibliothek
Die Deutsche Nationalbibliothek verzeichnet diese Publikation in der Deutschen Nationalbibliografie. Detaillierte bibliografische Daten sind im Internet über https://dnb.de abrufbar.

Für Fragen und Anregungen
info@m-vg.de

Wichtiger Hinweis
Ausschließlich zum Zweck der besseren Lesbarkeit wurde auf eine genderspezifische Schreibweise sowie eine Mehrfachbezeichnung verzichtet. Alle personenbezogenen Bezeichnungen sind somit geschlechtsneutral zu verstehen.

1. Auflage 2023

Türkenstraße 89
80799 München
Tel.: 089 651285-0
Fax: 089 652096

Die englische Originalausgabe erschien 2021 in Großbritannien bei Rider unter dem Titel *What are you looking for?* und 2007 in den USA bei Krishnamurti Foundation of America unter dem Titel *Relationships: To Oneself, To Others, To the World*.

Übersetzung: Elisabeth Liebl
Redaktion: Matthias Höhne
Korrektorat: Silvia Kinkel
Umschlaggestaltung: in Anlehnung an das Cover der Originalausgabe Marc-Torben Fischer, München
Satz: Carsten Klein, Torgau
Druck: GGP Media GmbH, Pößneck
Printed in Germany

ISBN Print 978-3-95972-716-7
ISBN E-Book (PDF) 978-3-98609-377-8
ISBN E-Book (EPUB, Mobi) 978-3-98609-378-5

INHALT

Teil III
Was ist der Sinn des Lebens?

VORWORT

Jiddu Krishnamurti (1895–1986) gilt international als einer der großen Denker und Lehrer unserer Zeit. Er kam im Süden Indiens zur Welt, wurde in England erzogen und hielt in aller Welt öffentliche Vorträge. Er schrieb, führte intensive Dialoge und gründete Schulen, bis er im Alter von 90 Jahren starb. Er nahm für sich in Anspruch, keiner Kaste, Nationalität oder Religion anzugehören, und fühlte sich zu keiner Tradition im Besonderen hingezogen.

Das *Time Magazine* rechnete ihn – zusammen mit Mutter Teresa – zu »den fünf Heiligen des 20. Jahrhunderts«. Der Dalai-Lama bezeichnete ihn als »einen der größten Denker unseres Zeitalters«.

Seine Lehren wurden in 75 Büchern veröffentlicht, von denen sich mehr als 5 Millionen Exemplare in 30 Sprachen verkauften.

Die Ablehnung jedweder spirituellen oder psychologischen Autorität, einschließlich seiner eigenen, ist eines seiner zentralen Themen. Krishnamurti vertrat die Auffassung, dass der Mensch sich durch Selbsterkenntnis von Ängsten, Konditionierungen, Autoritätsglauben und Dogmen befreien müsse. Dies würde seiner Ansicht nach Ordnung in die Welt bringen und einen echten innerseelischen Wandel bewirken. Unsere gewaltgeneigte, von Konflikten zerrissene Welt kann nicht durch politische, soziale oder wirtschaftliche Maßnahmen in eine Welt der Güte, der Liebe und des Mitgefühls verwandelt werden. Sie wird sich nur dann verändern, wenn jeder Einzelne sich wandelt, und zwar durch Selbstbeobachtung, ohne sich auf Gurus oder traditionelle Religionen zu stützen.

Krishnamurti zog als zutiefst originärer Denker Menschen aus den unterschiedlichsten Lebensbereichen an: Staatsoberhäupter, berühmte Wissenschaftler, führende Köpfe der Vereinten Nationen und vieler religiöser Organisationen wie auch Psychiater und Psychologen oder Universitätsprofessoren. Sie alle suchten den Dialog mit Krishnamurti. Studenten, Lehrer und Millionen von Menschen in verschiedensten Lebenslagen lasen seine Bücher und hörten seine Vorträge. Er schlug eine Brücke zwischen Wissenschaft und Religion, ohne einen eigenen Jargon zu kultivieren, damit Wissenschaftler wie Nicht-Wissenschaftler gleichermaßen seine Sicht auf die Zeit, das Denken, die Erkenntnis und den Tod nachvollziehen konnten.

Zu seinen Lebzeiten gründete Krishnamurti Stiftungen in den Vereinigten Staaten, in Indien, England, Kanada und Spanien. Zu ihren Aufgaben gehört es, seine Lehren zu bewahren und zu verbreiten – ohne Autoritäten zu installieren und ohne die Lehren beziehungsweise die Person Krishnamurti zu interpretieren oder zu glorifizieren.

Darüber hinaus gründete Krishnamurti Schulen in Indien, England und den Vereinigten Staaten. Seiner Ansicht nach sollte Erziehung das ganzheitliche Verständnis des Menschen fördern, also Geist und Herz schulen und sich nicht auf den reinen Wissenserwerb beschränken. Erziehung hieß in seinen Augen, die Kunst des Lebens zu erlernen, statt sich auf die bloße Sicherung des Lebensunterhalts zu konzentrieren.

Krishnamurti sagte: »Eine Schule ist der Ort, an dem man die Gesamtheit des Lebens kennenlernt. Natürlich sind gute schulische Resultate wichtig, aber in einer Schule geht es um so viel mehr. Sie ist ein Ort, an dem Lehrer und Lernende nicht nur die äußere Welt erforschen, die Welt des Wissens, sondern auch ihr eigenes Denken und Verhalten erkunden.«

Von seiner Arbeit sagte er: »Sie setzt keinen Glauben voraus und fordert ihn auch nicht. Es gibt hier keine Anhänger, keinen Kult, keine Überzeugungen, egal welcher Richtung. Nur dann können wir uns auf Augenhöhe begegnen, auf derselben Ebene, demselben Terrain. Um zusammen das außergewöhnliche Phänomen des menschlichen Daseins zu beobachten.«

R. E. Mark Lee
Direktor der Krishnamurti Foundation of America

EINFÜHRUNG

Wir alle leben in Beziehungen. In der Beziehung zu uns selbst, zu unseren Familien, zur Welt, zur Erde und zum Universum.

Da alles Leben in Beziehungen stattfindet, ist es von zentraler Bedeutung, zu begreifen, was Beziehung eigentlich ist und was jede Veränderung in einer Beziehung – zu geliebten Menschen, Eltern, Freunden, Lehrern und der Gesellschaft – für uns und andere Menschen bedeutet.

Alles in allem bilden unsere individuellen Beziehungen nämlich die Gesellschaft. Die Gesellschaft, das sind wir. Was wir in Beziehung zu anderen sind, daraus wird in der Summe die Gesellschaft. Sind wir also wütend, eifersüchtig, auf aggressive Weise ehrgeizig, einsam und voller Selbstmitleid, deprimiert, vorurteilsbehaftet oder auf eine exklusive Beziehung bedacht, dann schaffen wir damit eine Gesellschaft ohne Sinn und Verstand. Multiplizieren Sie jedes selbstbezogene oder anhängliche, jedes gierige oder großzügige Ich mit 8 Milliarden – dann haben Sie unsere Welt. Alles, was wir sind, wirkt sich auf alles andere aus: Menschen, Tiere, die Erde, die Biosphäre. Wie Sie sehen, gilt das in beide Richtungen: Alles Böse betrifft uns alle, aber das Gute auch.

Den meisten von uns ist klar, dass wir sehr einsame Menschen sind, zumindest wenn wir den Mut haben, uns das einzugestehen. Wir wissen nicht, warum oder wie das geschieht, aber wir fühlen uns isoliert und einsam, selbst wenn wir mit der Familie, mit unseren Freunden oder mit einem Partner beziehungsweise einer Partnerin zusammen sind. Selbst in den allerengsten Beziehungen mit anderen Menschen denken wir ständig an uns selbst, an unsere Verlustängste, unsere Unsicherheiten. Was zu noch mehr Einsamkeit führt, zu noch mehr Abhängigkeit von anderen Menschen und Dingen. Unser Leiden kommt aus all dem. Wir haben uns Ängste und Leiden zur Gewohnheit gemacht. Wir vergessen – oder haben nie gelernt –, dass diese Gewohnheiten, ob nun biologischer, kultureller oder persönlicher Natur, sich verändern lassen. Es stimmt, dass wir von unseren Vorfahren, von den Tieren, die wir einst waren, aggressive Überlebensstrategien und territoriale Instinkte ererbt haben. Doch unser Gehirn verfügt auch über die Intelligenz, zu entscheiden, wann diese angemessen sind und wann wir unser Verhalten besser ändern sollten.

Es wirkt merkwürdig, dass wir nicht schon in der Schule lernen, was es mit Beziehungen auf sich hat – der Beziehung zu uns selbst, zu anderen Menschen, zur Arbeit, zum Geld, zur Gesellschaft, zur Erde und zum Universum. Da unser persönliches und kollektives Überleben von Beziehungen abhängt, möchte man doch annehmen, Eltern und Lehrer hätten ein Interesse daran, dass wir neben Lesen, Schreiben, Rechnen und dem Bedienen von Computern auch lernen, wie Beziehungen funktionieren. Man bringt uns bei, wie wir unseren Lebensunterhalt verdienen, aber nicht, wie wir leben können. Wir sind also ganz auf uns gestellt, was die Kunst der Beziehung, ja des Lebens angeht.

Wir müssen lernen, was Beziehungen sind oder nicht sind und was dabei falsch laufen kann. Obwohl wir äußerlich klug und kultiviert erscheinen, sind wir Menschen im Inneren immer noch gewaltbereit. Wahre Erziehung aber verändert dieses innere Wesen. Der Schlüssel zu echten Beziehungen ist das Verständnis unseres eigenen Denkens, also die Selbsterkenntnis – die Fähigkeit, zu begreifen, wie wir in Denken und Verhalten konditioniert wurden, durch persönliche Erfahrungen, Familie, Kultur, Nation, Religion, Geschlecht und Biologie.

Wenn Sie Ihr eigenes Denken nicht verstehen, dann hat es keine Bedeutung, was Sie denken. Ohne das Wissen um Ihre Voreingenommenheit, um die Hindernisse biologischer oder persönlicher Vorurteile, ohne Verständnis für Ihre Ängste, Ihre Verletzungen, Ihre Wut, ohne die Fähigkeit, all dies zu durchschauen, wird Ihr ganzes Denken und damit all Ihre Beziehungen stets verdreht oder vernebelt bleiben. Schließlich ist Selbsterkenntnis die Grundlage aller Beziehungen.

Dabei können Sie die Wahrheit über sich selbst im besten aller Spiegel erkennen, der uns zur Verfügung steht – dem Spiegel der Beziehung. Sie können sehen, wie Sie fühlen, was Sie denken, wie Sie sich verhalten, indem Sie einfach sorgsam beobachten, wie Sie sich in Beziehung zu den Menschen in Ihrem Alltag verhalten. Ihre Reaktion auf andere zeigt Ihnen, was Sie wütend macht, was Sie verletzt, wann Sie großzügig sind, Freude empfinden und sich durch und durch lebendig fühlen. Und vergessen Sie nicht, dass nichts davon in Stein gemeißelt ist: Das Leben wandelt sich in jeder Minute, das gilt auch für Sie. Achten Sie nur darauf, was Sie empfinden. Sie müssen darauf nicht reagieren. Sie müssen es auch nicht zurückbehalten, um sich später damit zu befassen. Auf Wut oder Gier nicht zu reagieren ist sehr schwierig. Aber auch wenn es schwer ist, so heißt das doch nicht, dass mit Ihnen etwas nicht stimmt. Es ist nur einfach harte Arbeit, die Konditionierung von Jahrmillionen des Stammeslebens als aggressiver Jäger neu zu verschalten. Aber wenn Sie nur aus einem einzigen zornigen Augenblick lernen, dann ist das schon entscheidend. Jedes Mal, wenn Sie das tun, schwirrt ein Tropfen Gift weniger durch die Luft, die wir alle atmen.

Diese Art Selbsterkenntnis und Wachheit im Verhalten schenkt unserem Leben und unseren Beziehungen Freiheit. Die wilden Pferde im Inneren schleifen Sie nicht mehr mit an Orte, an denen Sie nicht sein wollen. Außerdem ist Selbsterkenntnis ein entscheidendes Moment des Überlebens: Die Gehirne von uns Menschen sind sich eher ähnlich als nicht ähnlich. Wenn Sie sich daher selbst verstehen, verstehen Sie auch andere Menschen.

Tausende von Generationen haben diese selbstbezogene Welt hervorgebracht, in der Vorstellung, dass das Selbst, die eigene Familie und das eigene Land zuerst kommen. Das ist das Gift spalterischer Organisationen. Wir müssen das ändern, sonst wird sich unser Leiden ewig und unverändert fortsetzen. Das Leben ist gewaltig. Wenn wir nichts weiter tun, als uns ein Loch zu graben, in das wir uns verkriechen können, dann werden wir, so bequem es in unserem Loch auch sein mag, die ganze außerordentliche Erfahrung des Lebens verpassen. Wenn wir uns dafür entscheiden, uns weiterhin auf die gleiche schmerzhafte Weise zu begegnen, weil wir Angst vor der Unsicherheit haben, dann sind wir alle bereits tot. Wir müssen uns entscheiden: Entweder wir machen weiter wie gehabt und leiden fortwährend am Schmerz der Spaltung und der Einsamkeit. Oder wir erheben uns gegen die alten selbstbezogenen Denkweisen und leben in Liebe, nicht nur zu einer bestimmten Person, sondern zu allem Leben.

Die Auszüge aus Vorträgen und Schriften, die Sie hier finden, stammen von einem Mann, der lebte wie alle großen Außenseiter der Gesellschaft: als Rebell, Wanderpoet, religiöser Philosoph, genialer Wissenschaftler, außergewöhnlicher Psychologe. Wie die großen umherziehenden Menschheitslehrer der Jahrtausende. 65 Jahre lang erklärte Krishnamurti jedem, der es hören wollte, was seelische Freiheit ist. Er gründete Schulen, in denen junge Menschen alle üblichen Fächer lernen konnten – aber auch, sich selbst zu erforschen. Und er wies in allen Schulen, in allen Vorträgen und Büchern immer wieder auf das Folgende hin: Es sind nicht unsere inneren und äußeren Kämpfe, die uns frei machen, sondern nur die Wahrheit über uns selbst.

Es gibt keinen Pfad, keine Autorität, keinen Guru, dem Sie folgen könnten: Sie tragen die Fähigkeit in sich, herauszufinden, was Sie sind und was Sie mit Ihrem Leben, Ihren Beziehungen und Ihrer Arbeit anfangen wollen. Es liegt ganz bei Ihnen, wie Sie ausprobieren wollen, was in diesem Buch gesagt wird. Sich nach der Meinung anderer über Sie und die Art, wie Sie Ihr Leben führen sollten, zu richten, ist genauso nahrhaft, als würden Sie jemand anderem Ihr Abendessen überlassen.

Alle Texte in diesem Buch stammen aus Krishnamurtis Büchern, seinen aufgezeichneten Dialogen und seinen öffentlichen Vorträgen. Lassen Sie sich auf das Abenteuer ein: Lesen Sie das Buch. Studieren Sie im Anhang, aus welchen Quellen es sich speist. Und sehen Sie selbst, welche inneren Veränderungen das mit sich bringt.

Dale Carlson
Herausgeber

TEIL I

LEUTE: VON MENSCH ZU MENSCH

KAPITEL 1

WAS SIND BEZIEHUNGEN?

1

Alles Leben ist Beziehung

Alles Leben ist Bewegung innerhalb von Beziehungen. Es gibt kein lebendes Wesen auf dieser Erde, das nicht zu etwas oder jemandem in Beziehung stünde. Selbst der Einsiedler, der sich an einen einsamen Ort zurückzieht, hat eine Beziehung zur Vergangenheit und zu den Geschöpfen, die um ihn herum leben. Beziehungen sind also unvermeidlich. In dieser Beziehung, dem Spiegel, in dem wir uns selbst sehen können, können wir herausfinden, was wir sind, können unsere Reaktionen sehen, unsere Vorurteile, unsere Ängste, Niedergeschlagenheit und Anspannungen, unsere Einsamkeit, unser Leid, unseren Schmerz und unsere Trauer. Wir können auch sehen, ob wir lieben oder ob es in unserem Leben keine Liebe gibt. Wir werden also der Frage nach unseren Beziehungen nachgehen, denn das ist die Grundlage der Liebe.

2

Beziehungen sind ein Weg, sich selbst zu entdecken

Beziehungen sind ein Spiegel, in dem ich mich selbst sehe. Dieser Spiegel zeigt entweder ein Zerrbild, oder er kann das sein beziehungsweise das wiedergeben »was ist«. Die meisten von uns sehen allerdings in Beziehungen, in diesem Spiegel, die Dinge, die wir gern sehen würden. Wir sehen nicht, was ist. Wir idealisieren lieber …

Wenn wir unser Leben unter die Lupe nehmen, unsere Beziehungen zueinander, dann werden wir erkennen, dass dies ein Prozess der Isolation ist. Wir kümmern uns nicht wirklich umeinander. Wir reden zwar viel darüber, aber im Grunde interessieren wir uns nicht wirklich füreinander. Wir bleiben anderen nur so lange verbunden, wie die Beziehung uns etwas gibt, solange sie uns als Zuflucht dient oder zur Befriedigung. Aber in dem Augenblick, in dem es in der Beziehung zu Irritationen kommt, die uns ein unangenehmes Gefühl verursachen, verabschieden wir uns aus dieser Beziehung. Mit anderen Worten:

Beziehungen bestehen nur so lange, wie wir etwas davon haben. Das klingt vielleicht zynisch, aber wenn Sie Ihr Leben gründlich untersuchen, werden Sie sehen, dass es stimmt …

Wenn wir unser Leben und unsere Beziehungen betrachten, sehen wir, dass es sich im Grunde um einen Prozess handelt, in dem wir dem jeweils anderen einen Widerstand entgegensetzen, eine Mauer errichten, über die hinweg wir ihn oder sie ansehen und beobachten. Diese Mauer, hinter der wir uns postieren, ist immer da, ob es sich nun um eine psychische, eine materielle, eine wirtschaftliche oder die Mauer eines Staates handelt. Solange wir in der Isolation leben, hinter einer Mauer, gibt es keine Beziehungen zueinander … Die Welt ist so zerstörerisch, es gibt so viel Leid, so viel Schmerz, Krieg, Verfall, Elend, dass wir ihr entkommen und innerhalb der sicheren Wände unseres psychischen Seins bleiben wollen. Daher sind Beziehungen bei den meisten Menschen ein Prozess der Isolation, und offensichtlich entsteht aus solchen Beziehungen auch eine vereinsamende Gesellschaft. Eben das geschieht in der Welt: Sie bleiben in Ihrer Isolation und strecken nur die Hand über die Mauer …

3

Echte Beziehungen oder nur Bilder?

Was meinen wir überhaupt mit diesem Wort? Sind wir je mit einem anderen Wesen verbunden oder besteht die Beziehung nur zwischen zwei Bildern, die wir uns vom jeweils anderen gemacht haben? Ich habe ein Bild von Ihnen, und Sie haben ein

Bild von mir. Ich habe ein Bild von Ihnen als meiner Frau oder meinem Mann oder was auch immer. Und Sie haben ein solches Bild von mir. Die Beziehung besteht zwischen diesen beiden Bildern und nichts sonst. Aber eine Beziehung zueinander ist nur möglich, wenn es keine Bilder gibt. Wenn ich Sie ansehen kann und Sie mich, ohne dass die Erinnerung Bilder liefert oder Kränkungen oder was da sonst noch sein mag, dann besteht eine echte Beziehung. Aber die Natur des Beobachters ist ja das Bild, nicht wahr? Mein Bild beobachtet Ihr Bild, wenn es beobachtbar ist. Das nennt man Beziehung, aber sie besteht zwischen zwei Bildern – eine Beziehung, die letztlich nicht existent ist, weil es sich um zwei Bilder handelt. In Beziehung stehen heißt: in Kontakt sein. Und der Kontakt muss ein direkter sein, keiner zwischen zwei Bildern. Er erfordert eine Menge Aufmerksamkeit, ein Gewahrsein, ein Sich-gegenseitig-ansehen ohne das Bild, das ich von dieser Person habe und das aus meinen Erinnerungen an diese Person besteht – wie sie mich beleidigt hat, mir gefallen hat, mir Freude gemacht hat oder was auch immer. Nur wenn keine Bilder zwischen den Beteiligten stehen, besteht eine Beziehung.

4

Die Beziehung ist ein Spiegel meiner selbst

Sicherlich kann sich der Prozess, der ich bin, nur in Beziehungen entfalten, oder?

Beziehung ist ein Spiegel, in dem ich mich sehe, wie ich bin. Aber da die meisten Menschen nicht mögen, was sie sind, fangen sie an, entweder positiv oder negativ zurechtzustutzen, was sie im Spiegel sehen. Nehmen wir an, ich entdecke in der Beziehung, in ihrem Ablauf etwas, was mir nicht gefällt. Also fange ich an, abzuwandeln, was mir nicht gefällt, was ich als unangenehm wahrnehme. Ich will es verändern – was heißt, ich habe schon ein Muster davon, wie es sein sollte. In dem Moment, in dem ich ein Muster davon habe, wie ich sein sollte, verstehe ich nicht, was ich bin. Sobald ich ein Bild davon habe, wie ich sein möchte, wie ich sein sollte oder wie ich nicht sein darf – einen Maßstab, nach dessen Vorgabe ich mich ändern möchte –, ist da kein Raum mehr, um zu verstehen, was ich im Augenblick in dieser Beziehung bin.

Ich halte es für wirklich wichtig, dass wir das verstehen, denn nach meiner Ansicht ist dies der Punkt, an dem die meisten von uns fehlgehen. Wir wollen nicht wissen, was wir in einem bestimmten Augenblick in einer Beziehung sind. Wenn wir nur darauf aus sind, uns selbst zu verbessern, dann ist das kein Verständnis unser selbst.

5

Selbsterkenntnis ist die Grundlage von Beziehungen: Das Problem in Beziehungen sind wir selbst

Da unsere Probleme das Resultat des gesamten Prozesses sind, der uns ausmacht – unseres Handelns in Beziehungen, ob nun in Bezug auf Dinge, Ideen oder Menschen –, ist es doch wesentlich, dass wir uns selbst verstehen. Ohne mich selbst zu kennen, habe ich keine Grundlage für das Denken.

6

Sicherheit, Abhängigkeit oder Beziehung

Beziehung ist zwangsläufig schmerzhaft, was sich in unserer alltäglichen Existenz zeigt. Wenn es in einer Beziehung keine Spannungen gibt, dann hört sie auf, Beziehung zu sein, und wird zu einem bequemen Schlafzustand, einem Opiat – was die meisten Menschen vorziehen und wünschen. Der Konflikt entsteht zwischen dieser Sehnsucht nach Bequemlichkeit und dem Faktischen, zwischen Illusion und realem Geschehen. Wenn Sie die Illusion erkennen und beiseiteschieben, können Sie Ihre Aufmerksamkeit auf das Verständnis der Beziehung richten. Streben Sie jedoch in einer Beziehung nach Sicherheit, dann investieren Sie in die Bequemlichkeit, in die Illusion – denn das Großartige an Beziehungen ist ja gerade ihre Ungewissheit. Wenn Sie in einer Beziehung Sicherheit suchen, dann behindern Sie deren Funktion, was wiederum bestimmte Verhaltensweisen und Problemsituationen zur Folge hat.

Denn die Funktion von Beziehungen ist es, den Zustand des gesamten eigenen Seins zu offenbaren. Beziehung ist ein Prozess der Selbstoffenbarung, der Selbsterkenntnis. Diese Selbstoffenbarung ist schmerzlich. Sie erfordert ständige Anpassung und Flexibilität im Denken und Fühlen. Das ist ein schmerzhaftes Ringen, in dem es Augenblicke erleuchteten Friedens gibt …

Die meisten von uns aber gehen der Spannung in Beziehungen lieber aus dem Weg. Sie ziehen die Leichtigkeit und Bequemlichkeit einer behaglichen Abhängigkeit vor, einer Gewissheit, die nie infrage gestellt wird, einen sicheren Anker eben. Dann werden familiäre und andere Beziehungen zum Zufluchtsort, zur Zuflucht der Gedankenlosen.

Wenn aus Unsicherheit Abhängigkeit wird, was regelmäßig der Fall ist, dann wird diese spezielle Beziehung ad acta gelegt, und man geht eine neue ein in der Hoffnung, endlich dauerhafte Sicherheit zu finden. Aber in Beziehungen gibt es keine Gewissheit, und Abhängigkeit bringt nur Angst hervor. Ohne Verständnis des Prozesses von Sicherheit und Angst wird Beziehung ein uns bindendes Hindernis, eine Art der Unwissenheit. Dann ist das ganze Dasein nur Kampf und Schmerz, und es gibt keinen Ausweg, außer durch das rechte Denken, das nur durch Selbsterkenntnis entsteht.

7

Die Art, wie Sie und ich miteinander in Beziehung treten, schafft die Gesellschaft

Wir wissen, was unsere Beziehung im Moment ist – eine Auseinandersetzung, ein Ringen, ein Schmerz oder einfach nur Gewohnheit. Wenn wir die Beziehung zu *einem* Menschen durch und durch verstehen, dann besteht die Möglichkeit, dass wir die Beziehung zu den vielen begreifen, das heißt zur Gesellschaft. Wenn ich meine Beziehung zum einen nicht verstehe, dann begreife ich auch meine Beziehung zum Ganzen, zur Gesellschaft, zu den vielen nicht. Und beruht meine Beziehung zum einen auf Bedürfnissen, auf deren Befriedigung, dann wird meine Beziehung zur Gesellschaft nicht anders sein … Ist es möglich, mit dem einen und den vielen frei von Ansprüchen zu leben? Denn das ist doch das eigentliche Problem, nicht wahr? Solange wir Beziehungen zur Befriedigung nutzen, als Fluchtweg, als Ablenkung, als bloße Aktivität, kann es keine Selbsterkenntnis geben. Aber Selbsterkenntnis wird verstanden, offenbart, enthüllt durch Beziehungen, wenn Sie bereit sind, sich auf die Frage der Beziehung einzulassen und sich selbst dafür öffnen. Denn schließlich können Sie ohne Beziehungen nicht leben. Aber wir möchten die Beziehung nun mal dazu gebrauchen, dass es uns gut geht, dass wir befriedigt sind, dass wir etwas sind.

8

In einer Beziehung geht es nicht nur um Sicherheit, angenehme Gefühle und Befriedigung

Sie sehen also, dass Beziehungen, wenn wir das zulassen, zu einem Prozess der Selbstoffenbarung werden. Aber da wir es eben meist nicht zulassen, wird die Beziehung nur zu einer Aktivität, die uns Befriedigung verschafft. Solange der Geist die Beziehung nur für seine eigene Sicherheit benutzt, kann die Beziehung nur Verwirrung und Konflikte hervorbringen. Ist es möglich, in einer Beziehung zu leben ohne die Vorstellung von Bedürfnissen, Wünschen oder Befriedigung?

9

Wenn Beziehungen nur Ideen oder Gedanken sind, dann gibt es nur Konflikt und keine Liebe

Sie können Liebe nicht denken. Sie können über den Menschen nachdenken, den Sie lieben, aber Gedanken sind nicht Liebe. Und so nehmen die Gedanken allmählich den Platz der Liebe ein … Können Beziehungen nur auf einer Vorstellung gründen? Wenn das der Fall ist, dann ist das keine Aktivität, die uns selbst einschließt. Ist es daher nicht unvermeidlich, dass solche Beziehungen in Streit, Belastungen und Elend enden?

10

Liebe ist nicht zur Befriedigung da

Eine wahre Beziehung entsteht nur dort, wo Liebe ist, aber Liebe ist gerade nicht das Streben nach Befriedigung. Liebe existiert nur, wo das Selbst vergessen wird, wo es zur vollkommenen Vereinigung kommt, nicht für einen einzelnen oder zwischen zwei Menschen, sondern mit dem Allerhöchsten. Und das kann nur geschehen, wenn das Selbst vergessen wird.

11

Beziehung und Abhängigkeit

Bei den meisten von uns beruhen Beziehungen zueinander auf Abhängigkeit, ob nun wirtschaftlicher oder psychischer Natur. Diese Abhängigkeit verursacht Angst. Sie macht uns besitzergreifend und führt zu Spannungen, Misstrauen und Frustration. Wirtschaftliche Abhängigkeit kann durch Gesetze und gute Organisation beseitigt werden, aber hier geht es mir vor allem um die psychische Abhängigkeit vom anderen. Diese ist das Ergebnis der Sehnsucht nach persönlicher Befriedigung, Glück und so weiter. In solch einer besitzergreifenden Beziehung fühlen wir uns bereichert, kreativ und aktiv. Wir haben das Gefühl, dass unser kleines Lebenslicht durch den anderen angefacht wird. Da wir diese Quelle des Ganzseins nicht einbüßen wollen, fürchten wir den Verlust des anderen. So entstehen besitzergreifende Ängste mit allen daraus resultierenden Problemen. In einer Beziehung, die von psychischer Abhängigkeit geprägt ist, gibt es unweigerlich bewusste oder unbewusste Ängste und Misstrauen, die sich häufig hinter schön klingenden Worten verbergen.

Obwohl man voneinander abhängt, besteht der Wunsch, unverletzt und ganz zu bleiben. Das komplexe Problem von Beziehungen besteht in der Frage, wie wir ohne Abhängigkeit lieben können, ohne Reibungen und Konflikte; wie wir den Wunsch überwinden können, uns zu isolieren und von der Ursache der Konflikte abzukoppeln. Wenn unser Glück von anderen abhängt, von der Gesellschaft oder der Umwelt, dann werden diese für uns unverzichtbar. Wir hängen an ihnen und sträuben uns gegen jede Veränderung, weil wir für unsere psychische Sicherheit und unser Wohlbefinden auf sie angewiesen sind. Intellektuell mögen wir erkennen, dass das Leben ständig im Fluss ist, ein steter Prozess des Wandels, der Veränderungen voraussetzt. Emotional aber hängen wir an den etablierten und tröstlichen Wertvorstellungen. Es kommt also zum ständigen Kampf zwischen der Veränderung und dem Wunsch nach Beständigkeit. Lässt sich dieser Konflikt lösen?

Das Leben ist ohne Beziehungen unmöglich. Aber wir haben sie auf besitzergreifende Liebe gegründet und so etwas Quälendes und Scheußliches daraus gemacht. Kann man lieben, ohne zu besitzen? Die wahre Antwort darauf finden Sie nicht in der Flucht, in Idealen oder Überzeugungen, sondern nur im Verständnis der Ursachen von Abhängigkeit und Besitzgier. Wenn wir dieses Problem von Beziehungen zwischen uns und anderen Menschen wirklich verstehen, dann können wir vielleicht auch das Problem unserer Beziehung zur Gesellschaft lösen, denn die Gesellschaft ist nichts anderes als die Fortschreibung unser selbst. Die Umwelt, die wir Gesellschaft nennen, wurde von früheren Generationen geschaffen. Wir akzeptieren sie, weil sie uns ermöglicht, unsere Gier, unser Besitzstreben und unsere Illusion aufrechtzuerhalten. Im Rahmen dieser Illusion kann es keine Einheit, keinen Frieden geben. Die bloße wirtschaftliche Einheit, die durch Zwang und Gesetze entsteht, kann den Krieg nicht beenden. Solange wir individuelle Beziehungen nicht verstehen, können wir keine friedvolle Gesellschaft schaffen. Da unsere Beziehungen auf besitzergreifender Liebe beruhen, müssen wir uns ihrer in uns gewahr werden, ihr Entstehen, ihre Ursache und ihren Ablauf begreifen. Wenn wir uns dieses Prozesses der Besitzgier bewusst werden, mit all seiner Gewalt, seinen Ängsten, seinen Reaktionen, dann entsteht daraus eine Einsicht, die ganz und umfassend ist. Allein diese Einsicht kann uns von Abhängigkeit und Besitzgier befreien. Harmonie in Beziehungen können wir nur in uns selbst finden, nicht im Anderen oder in unserer Umwelt.

Die vorrangige Ursache von Spannungen in Beziehungen ist das Selbst, welches das Zentrum des einheitlichen Sehnens ist. Wenn wir erkennen, dass nicht das Handeln des anderen ausschlaggebend ist, sondern die Tatsache, wie wir selbst handeln und reagieren, wenn wir dieses Agieren und Reagieren grundlegend verstanden haben, dann wird die Beziehung einen tiefen, radikalen Wandel durchlaufen. In der Beziehung zu anderen Menschen ist ja nicht nur das Problem der Körperlichkeit gegeben, sondern auch das Problem des Denkens und Fühlens auf allen Ebenen. Wir können nur dann in Harmonie mit einem anderen Menschen leben, wenn wir eine umfassende Harmonie in uns selbst schaffen können. Das Wichtigste, das es in Beziehungen zu berücksichtigen gilt, ist nicht der Andere, sondern wir selbst. Und das heißt nicht, dass wir uns zurückziehen sollen. Wir müssen vielmehr begreifen, wo in uns die Ursache für Konflikte und Leid liegt. Solange wir vom Anderen abhängig sind, was unser psychisches Wohlbefinden angeht, intellektuell oder emotional, so lange wird diese Abhängigkeit unvermeidlich Angst erzeugen, die zu Leid führt.

12

Wo Anhaftung herrscht, ist keine Liebe

Sind denn unsere Beziehungen zu anderen Menschen nicht ein Zustand psychischer Abhängigkeit? Ich rede hier nicht von physiologischen Wechselbeziehungen, die etwas ganz anderes sind. Ich bin von meinem Sohn abhängig, weil ich möchte, dass er etwas ist, was ich nicht bin. Er ist die Erfüllung all meiner Hoffnungen und Träume. Er ist meine Unsterblichkeit, meine Fortsetzung. Daher ist meine Beziehung zu meinem Sohn, meiner Frau, meinen Kindern, meinen Nachbarn ein Zustand psychischer Abhängigkeit. Ich habe Angst vor einem Zustand, in dem es keine Abhängigkeit gibt. Ich weiß nicht, was das bedeuten soll, also mache ich mich abhängig von Büchern, Beziehungen oder der Gesellschaft. Ich bin abhängig von Besitz, der mir Sicherheit, eine Stellung und Prestige verschafft. Und wenn ich tatsächlich nicht von diesen Dingen abhängig bin, dann bin ich abhängig von den Erfahrungen, die ich gemacht habe, von meinen Gedanken, von der Großartigkeit meiner Bestrebungen.

Psychologisch betrachtet beruhen unsere Beziehungen auf Abhängigkeit, und deshalb entsteht dort Angst. Das Problem aber ist nicht die Frage, wie wir unabhängig werden, sondern wie wir die Tatsache erkennen können, dass wir abhängig sind. Wo Anhaftung herrscht, kann keine Liebe sein. Weil Sie nicht wissen, wie Sie lieben können, sind Sie abhängig und … wo Abhängigkeit herrscht, entsteht Angst. Ich rede hier von psychischer Abhängigkeit, nicht von der Abhängigkeit davon, dass der Milchmann regelmäßig die Milch bringt, oder von der Abhängigkeit von der Eisenbahn oder einer Brücke. Es ist diese innere psychische Abhängigkeit – von Ideen, Menschen, Besitztümern –, die Angst erzeugt. Solange Sie Beziehungen nicht wirklich verstehen, können Sie nicht frei von Angst sein. Und Beziehungen können nur verstanden werden, wenn der Geist all seine Beziehungen beobachtet. Das ist der Beginn der Selbsterkenntnis.

Können Sie all dem offen zuhören, ohne sich anstrengen zu müssen? Anstrengung entsteht nur, wenn Sie etwas Bestimmtes haben oder sein wollen. Können Sie hingegen – ohne den Versuch, sich von der Angst zu befreien – der Aussage lauschen, dass Anhaftung die Liebe zerstört, dann wird allein diese Tatsache den Geist sofort von Angst befreien. Es kann keine Freiheit von der Angst geben, solange kein Verständnis von Beziehungen vorhanden ist. Und das heißt letztlich: solange keine Selbsterkenntnis da ist. Das Selbst offenbart sich nur in Beziehungen. Indem ich beobachte, wie ich mit meinem Nachbarn spreche, wie ich Besitz betrachte, wie ich an Überzeugungen oder Erfahrungen oder Wissen anhafte, indem ich also meine eigene Abhängigkeit entdecke, fange ich an, für den ganzen Prozess der Selbsterkenntnis zu erwachen.

Wie man Angst überwindet, ist nicht wichtig. Sie können einen Drink nehmen und sie vergessen. Sie können in den Tempel gehen und sich in Kniefällen, gemurmelten Worten oder Frömmigkeit verlieren. Aber wenn Sie herauskommen, lauert die Angst schon an der nächsten Ecke. Das hört nur dann auf, wenn Sie Ihre Beziehung zu allen Dingen verstehen. Und dieses Verständnis kann es nicht geben, wenn es keine Selbsterkenntnis gibt. Dabei ist Selbsterkenntnis gar nicht so weit weg. Sie beginnt hier, jetzt, mit der Beobachtung, wie Sie Ihre Hausangestellten behandeln, Ihre Frau, Ihre Kinder. Beziehung ist der Spiegel, in dem Sie sich so sehen können, wie Sie wirklich sind. Wenn Sie fähig sind, sich so anzusehen, wie Sie sind, ohne ein Urteil zu fällen, dann wird die Angst vergehen. Und daraus entsteht dann eine außerordentlich tiefe Liebe. Liebe ist etwas, das sich nicht kultivieren lässt. Nichts, was der Geist sich kaufen könnte. Wenn Sie sagen: »Ich übe mich in Mitgefühl«, dann ist dieses Mitgefühl ein Produkt des Geistes und hat mit Liebe nichts zu tun. Liebe entsteht unbewusst, im Dunkeln, vollumfänglich, wenn wir den Prozess der Beziehung begreifen. Dann wird der Geist still und füllt das Herz nicht mehr mit seinen Angelegenheiten. Und das, was Liebe ist, kann hervortreten.

KAPITEL 2

LIEBE, SEX UND BEZIEHUNGEN

1

Wir haben zwei Probleme

Wir haben also zwei Probleme – Liebe und Sex. Das eine ist eine abstrakte Vorstellung, das andere ein tatsächlicher, täglicher biologischer Drang – eine Tatsache, die besteht und nicht geleugnet werden kann. Zuerst wollen wir herausfinden, was Liebe ist, nicht als abstrakte Idee, sondern was sie tatsächlich ist. Was also ist Liebe? Ist sie nur ein sinnliches Vergnügen, das unser Denken zu Lust macht, zur Erinnerung an eine Erfahrung, die uns großes Entzücken oder sexuellen Genuss bereitet hat? … Existiert sie ohne ihr Objekt? Oder entsteht sie nur aufgrund des Objektes? … Oder ist Liebe ein Zustand in Ihnen …?

2

Was ist Liebe?

Was ist Liebe? Können wir sie verbal und intellektuell verstehen oder ist sie etwas, das sich nicht in Worte fassen lässt? Was ist es, das jeder von uns Liebe nennt? Ist Liebe eine Stimmung? Oder ein Gefühl? Kann Liebe geteilt werden in »göttlich« und »menschlich«? Kann es Liebe geben, wenn gleichzeitig Eifersucht, Hass oder Konkurrenz herrschen? Kann es Liebe sein, wenn jeder Beteiligte nur seine eigene Sicherheit will, psychisch wie weltlich beziehungsweise äußerlich? Sagen Sie hier nicht Ja oder Nein, denn Sie sind in diese Dinge verstrickt. Wir reden hier nicht von einer abstrakten Liebe, eine abstrakte Idee von Liebe hat gar keinen Wert. Sie und ich können viele Theorien über die Liebe ausklügeln, aber was ist es denn wirklich, was wir Liebe nennen?

Da ist Lust, sexueller Genuss, und das hat viel mit Eifersucht, Besitzstreben, Dominanz zu tun und mit dem Wunsch, zu besitzen, festzuhalten, zu kontrollieren und zu bestimmen, was der andere denkt. Das Ganze ist also komplex, und daher sagen wir, dass es eine göttliche Liebe geben muss, eine wunderschöne, unberührte, unzerstörbare Liebe. Wir meditieren darüber und nehmen eine fromme, sentimentale und emotionale Haltung ein, in der wir uns verlieren. Weil wir nicht erkennen können, was diese menschliche Liebe ist, suchen wir Zuflucht bei Abstraktionen, die absolut keinen Wert haben. Ist das soweit klar? Was also ist Liebe? Ist sie Lust und Begehren? Ist es die Liebe zu einer Person statt zu vielen?

Um die Frage »Was ist Liebe?« zu verstehen, müssen wir uns mit dem Problem der Lust, des sexuellen Vergnügens auseinandersetzen oder der Lust daran, andere zu beherrschen, zu kontrollieren oder zu unterdrücken. Und mit der Frage, ob sie immer nur einer Person gelten kann und die Liebe zu einer anderen leugnet. Wenn jemand sagt: »Ich liebe dich«, heißt das, dass andere Menschen ausgeschlossen sind? Ist Liebe persönlich oder unpersönlich? Wir glauben, wenn jemand einen Menschen liebt, kann er das Ganze nicht lieben. Und wenn er die Menschheit liebt, kann er nicht nur eine Person lieben. Das alles zeigt doch, dass wir Vorstellungen davon haben, was Liebe sein sollte. Das ist einmal mehr das Muster, der Code, welche unsere Kultur geschaffen hat beziehungsweise die wir für uns selbst entwickelt haben. Daher sind uns die Vorstellungen von Liebe wichtiger als deren tatsächliche Existenz. Wir haben Vorstellungen davon, was Liebe ist, was sie sein sollte oder eben nicht ist. Die Heiligen der verschiedenen Religionen gehen – zum Leidwesen der Menschheit – davon aus, dass die Liebe zu einer Frau vollkommen falsch sei. Man kann deren Vorstellung von Gott nicht mal ansatzweise nahekommen, wenn man jemanden liebt. Das heißt: Sex ist tabu. Er wird von allen Heiligen abgelehnt, dabei werden sie meist selbst fast aufgezehrt davon. Wenn wir also wirklich herausfinden wollen, was Liebe ist, dann müssen wir erst alle Vorstellungen, Ideologien und Vorstellungen davon ablegen, was Liebe sein sollte, ist oder nicht ist. Ebenso die Unterscheidung in göttliche und nicht-göttliche Liebe. Schaffen wir das?

3

Was Liebe nicht ist

Frage: Was meinen Sie mit Liebe?

Krishnamurti: Wir werden durch Einsicht herausfinden, was die Liebe nicht ist, denn da Liebe das Unbekannte ist, müssen wir uns zu ihr vorarbeiten, indem wir das Bekannte beiseitelassen. Das Unbekannte wird nicht entdeckt von einem Geist, der voll des Bekannten ist …

Was ist die Liebe bei den meisten von uns? Wenn wir sagen, dass wir jemanden lieben, was meinen wir damit? Wir glauben, dass wir diese Person besitzen. Aus diesem Besitzgefühl entsteht Eifersucht, denn wenn ich ihn oder sie verliere, was passiert dann? Ich fühle mich leer, verloren. Daher legalisiere ich dieses Besitzen. Ich halte ihn oder sie fest. Aus dem Festhalten, dem Besitzen dieser Person entsteht Eifersucht, entstehen Angst und all die unzähligen Konflikte, die aus einem Besitzverhältnis erwachsen. Solch ein Besitz kann doch keine Liebe sein, nicht wahr?

Offensichtlich ist Liebe auch keine sentimentale Stimmung. Sentimental zu sein, emotional zu sein ist nicht gleichzusetzen mit Liebe, denn Sentimentalität und Emotionen sind nur Empfindungen. Ein religiöser Mensch, der über Jesus oder Krishna

Tränen vergießt, über seinen Guru oder eine andere spirituelle Person, ist einfach nur sentimental. Er gibt sich den Stimmungen hin, was letztlich ein gedanklicher Prozess ist, und Gedanken sind keine Liebe. Denken ist das Resultat von Empfindungen. Ein sentimentaler, emotionaler Mensch kann die Liebe nicht kennen. Aber sind wir nicht alle emotional und sentimental? Sentimentalität, Emotionalität – beides ist eine Form der Selbsterweiterung. Voller Emotionen zu sein hat mit Liebe nichts zu tun, denn ein sentimentaler Mensch wird schnell grausam, wenn seine Gefühle nicht erwidert werden, wenn seine Emotionen kein Ventil finden. Ein emotionaler Mensch lässt sich schnell zu Hass, zum Krieg, zum Gemetzel verleiten. Ein sentimentaler Mensch, der ob seiner Religion Tränen vergießt, kennt sicher keine Liebe.

Ist Vergebung Liebe? Was versteht man denn unter Vergebung? Sie beleidigen mich und ich empfinde deshalb Groll und merke mir das. Dann eines Tages sage ich, weil ich gezwungen werde oder weil es mir leidtut: »Ich vergebe Ihnen.« Zuerst halte ich am Gefühl fest, und dann lehne ich es plötzlich ab. Was bedeutet das letztlich? Ich stehe immer noch im Mittelpunkt. Ich bin immer noch wichtig. Ich bin es, der dem anderen vergibt. Solange ich in der Haltung der Vergebung verharre, bin ich die wichtige Person, nicht der Mensch, der mich angeblich beleidigt hat. Wenn ich also Groll anhäufe und mich davon später distanziere, was Sie als Vergebung bezeichnen, dann ist das keineswegs Liebe. Ein Mensch, der liebt, kennt keine Feindschaft. Er oder sie ist diesen Dingen gegenüber gleichgültig. Sympathie, Vergebung, besitzergreifende Beziehungen, Eifersucht und Angst – all diese Dinge haben nichts mit Liebe zu tun. Sie werden vom Geist hervorgebracht, nicht wahr? … Der Geist kann die Liebe nur verfälschen. Er kann sie nicht erzeugen, er kann ihr keine Schönheit verleihen. Sie können ein Gedicht über die Liebe schreiben, aber das ist nicht Liebe.

Offensichtlich kann es keine Liebe geben, wenn es keine echte Achtung gibt, wenn man den anderen nicht respektiert, ob er nun ein Angestellter oder ein Freund ist. Ist Ihnen nie aufgefallen, dass Sie mit Ihren Angestellten nicht respektvoll umgehen, dass Sie nicht großzügig und gütig sind, wenn Sie die Menschen als »unter sich stehend« betrachten? Sie hegen Respekt gegenüber jenen, die über Ihnen stehen, für Ihren Chef, für die Millionärin, für Leute, die ein großes Haus oder einen Titel haben, für die Menschen, die Ihnen zu einer besseren Stellung verhelfen können oder einem besseren Job. Menschen also, von denen Sie etwas haben. Wer aber unter Ihnen steht, den treten Sie …

Sie werden die Liebe erst kennenlernen, wenn all diese Dinge aufgehört haben, an ein Ende gekommen sind … Wie wenige Menschen doch großzügig, nachsichtig und barmherzig sind! Sie sind großzügig, wenn es sich für sie lohnt. Sie sind barmherzig, wenn sie etwas dafür bekommen. Wenn all diese Dinge sich auflösen, wenn sie ihren Geist nicht mehr beschäftigen, wenn die Angelegenheiten des Geistes ihr Herz nicht mehr erfüllen, dann entsteht Liebe. Und die Liebe allein kann den aktuellen Wahnsinn, die Sinnlosigkeit umwandeln – nicht Systeme oder Theorien …

Die Praxis der Liebe, die Praxis der Brüderlichkeit ist immer noch etwas, was aus dem Geist entsteht. Daher kann dies keine

Liebe sein. Wenn all das aufgehört hat, dann entsteht die Liebe, dann werden Sie wissen, wie es ist, zu lieben. Dann ist Liebe nicht mehr quantitativ, sondern qualitativ. Sie sagen nicht: »Ich liebe die ganze Welt.« Denn wenn Sie wissen, wie Sie einen Menschen lieben können, dann wissen Sie auch, wie es möglich ist, das Ganze zu lieben. Da wir aber nicht wissen, wie wir einen Menschen lieben können, ist unsere Liebe zur Menschheit Fiktion. Wenn Sie lieben, dann gibt es weder den einen noch die vielen ... Dann ist da einzig und allein Liebe. Und nur wenn es Liebe gibt, können all unsere Probleme gelöst werden.

4

Warum haben wir Sex zum Problem gemacht?

Frage: Wir kennen Sex als unentrinnbare körperliche und psychische Notwendigkeit. Er scheint für unsere Generation eine Hauptursache für Chaos im persönlichen Leben zu sein. Wie können wir mit diesem Problem umgehen?

Krishnamurti: Warum nur machen wir aus allem, womit wir in Berührung kommen, ein Problem? Wir haben Gott zum Problem gemacht, die Liebe, die Beziehungen, ja das Leben überhaupt. Und wir haben Sex zum Problem gemacht. Warum? Warum ist alles, was wir tun, ein Problem, ein Schreckgespenst? Warum leiden wir? Warum ist Sex für uns ein Problem geworden? Warum wollen wir mit Problemen leben? Warum setzen wir ihnen kein Ende? Warum setzen wir unseren Problemen nicht einfach ein Ende, statt sie Tag für Tag, Jahr für Jahr mit uns herumzutragen?

Sicher ist Sex eine wichtige Frage, aber die grundlegendere ist doch, warum machen wir das Leben zum Problem machen? Arbeit, Sex, Geldverdienen, Denken, Fühlen, Erfahrungen – das ganze Geschäft des Lebens eben – warum ist das ein Problem? Liegt es nicht daran, dass wir immer von einem bestimmten Standpunkt aus denken, von einer fixen Vorstellung ausgehend?

Was meinen wir nun mit dem Problem des Sex? Ist es der Akt selbst oder das Denken darüber? Gewiss ist es nicht der Akt. Der Sexualakt ist für Sie kein Problem, genauso wenig wie das Essen ein Problem ist. Aber wenn Sie den ganzen Tag übers Essen oder über irgendetwas nachdenken, weil Sie sonst nichts haben, worüber Sie nachgrübeln könnten, dann wird es ein Problem. Ist der Sexualakt das Problem oder sind es die Gedanken, die Sie sich darüber machen? Warum denken Sie darüber nach? Warum blasen Sie das Ganze auf, was Sie ja offensichtlich tun? Die ganzen Kinos, die Zeitschriften, die Geschichten, alles bläst Ihr Nachdenken über Sex auf. Warum macht der Geist das? Warum denkt er überhaupt über Sex nach? Weshalb? Warum ist das so ein zentrales Thema in Ihrem Leben? Es gibt so viele Dinge, die Sie ansprechen, Ihre Aufmerksamkeit fordern, Sie aber lenken Ihre ganze Aufmerksamkeit auf das Nachdenken über Sex. Was geschieht da? Warum ist Ihr Geist damit so beschäftigt? Nun, weil Sex der absolute Fluchtweg ist. Sie können sich dabei selbst vollkommen vergessen. Für diese Zeit, diesen Augenblick zumindest vergessen Sie sich selbst – und es gibt keinen anderen Weg, sich selbst zu vergessen. Alles andere, was Sie im Leben so anstellen, lenkt den Fokus auf das »Ich«, das Selbst. Ihr Unternehmen, Ihre Religion, Ihre Götter, Ihre Anführer, Ihre politischen und wirtschaftlichen Angelegenheiten, Ihre Fluchten, Ihre sozialen Aktivitäten, zum Beispiel sich der einen Partei anzuschließen und nicht der anderen – all das stärkt und betont das »Ich«. Das heißt: Es gibt nur einen Akt, in dem das »Ich« nicht betont wird. Und daher wird er natürlich zum Problem, nicht wahr? Wenn es da in Ihrem Leben nur dieses Etwas gibt, das zum Fluchtweg werden kann, nur einen Weg zur vollkommenen Selbstvergessenheit, und sei es nur für ein paar Sekunden, dann halten Sie daran fest, weil dies der einzige Moment ist, in dem Sie rundum glücklich sind. Alles andere, was Ihnen begegnet, wird zum Albtraum, einer Quelle von Leid und Schmerz, also halten Sie an dem einen fest, das Ihnen diese totale Selbstvergessenheit ermöglicht, die Sie als Glück bezeichnen. Aber wenn Sie daran festhalten, wird auch das zum Albtraum, denn dann wollen Sie davon frei sein, Sie wollen sich davon nicht in Ketten legen lassen. Also ersinnen Sie – wieder ist der Geist am Werk – die Vorstellung von der Keuschheit, vom Zölibat. Und Sie versuchen auch, zölibatär und keusch zu leben, aber das klappt nur mit Unterdrückung. All das sind nun wieder Vorgänge im Geist, mit denen er sich selbst von den Tatsachen abkoppelt. Aber das stärkt wiederum das »Ich«, das ja unbedingt jemand sein will. Also stecken Sie wieder mittendrin in der Mühsal, dem Ärger, der Plackerei, dem Schmerz.

Sex wird zu einem außerordentlich schwierigen und komplexen Problem, solange Sie den Geist nicht verstehen, der über das Problem nachdenkt. Der Akt selbst kann nie zum Problem werden, doch die Gedanken darüber schaffen ein Problem.

5

Was ist Begehren?

Begehren ist Energie, und das müssen wir begreifen. Es kann nicht unterdrückt oder angepasst werden … Wenn Sie das Begehren zerstören, zerstören Sie jegliche Sensibilität. Und dann fehlt es Ihnen an der Intensität, die Sie brauchen, um die Wahrheit zu verstehen.

6

Begehren ist nicht Liebe

Begehren ist nicht Liebe. Begehren führt zu Lust. Begehren ist Lust. Wir verleugnen das Begehren nicht. Es wäre äußerst dumm, zu sagen, dass wir ohne Begehren leben müssen, denn das ist unmöglich. Der Mensch hat das ja schon versucht. Menschen haben sich selbst verleugnet, sich gequält, und doch blieb das Begehren, schuf Konflikte mit all deren verrohenden Auswirkungen. Wir treten hier nicht für ein Leben frei von Begehren ein. Aber wir müssen die Gesamtheit der Phänomene »Begehren«, »Lust« und »Schmerz« verstehen. Und wenn wir tatsächlich darüber hinausgehen können, dann erwarten uns Seligkeit und Ekstase, was wiederum Liebe ist.

7

Am Begehren ist nichts falsch

Was aber ist Begehren? Wenn ich sehe, wie ein Baum sich in einer Brise wiegt, dann ist das schön anzuschauen, was sollte daran falsch sein? Warum sollte es falsch sein, wenn man die wunderschönen Bewegungen eines Vogels im Wind genießt? Was sollte falsch daran sein, ein wunderschönes neues Auto zu bewundern, das großartig konstruiert und poliert ist? Oder wenn wir einen schönen Menschen mit einem absolut symmetrischen Gesicht bewundern, in dem sich Vernunft, Intelligenz und Güte spiegeln?

8

Das Problem ist nicht das Begehren, sondern der nachträgliche Gedanke: »Das muss ich haben!«

Aber das Begehren kommt hier nicht an sein Ende. Ihre Wahrnehmung ist eben nicht einfach nur Wahrnehmung. Mit ihr kommt die Empfindung. Wenn Empfindungen aufsteigen, dann wollen Sie berühren, wollen Kontakt, und damit stellt sich der Wunsch ein, zu besitzen. Sie sagen: »Das ist toll. Das muss ich haben.« Und damit beginnt der Aufruhr des Begehrens.

Ist es möglich, die schönen und die hässlichen Dinge des Lebens zu sehen und nicht zu sagen: »Ich muss das haben« beziehungsweise: »Ich will das nicht!«? Haben Sie jemals etwas nur beobachtet? Verstehen Sie? Haben Sie je Ihre Frau, Ihre Kinder,

Ihre Freunde nur beobachtet? Sie nur angesehen? Haben Sie je eine Blume bewundert, ohne sie Rose zu nennen? Ohne den Wunsch, sie in Ihr Knopfloch zu stecken oder nach Hause mitzunehmen, um sie jemandem zu schenken? Wenn Sie zu dieser Art der Beobachtung fähig sind, ohne all die Bewertungen, die der Geist trifft, dann werden Sie feststellen, dass das Begehren so monströs nicht ist. Sie können ein Auto ansehen, seine Schönheit bewundern und sich nicht in den widersprüchlichen Aufruhr des Begehrens hineinziehen lassen. Aber das erfordert äußerst intensive Beobachtung, nicht nur einen flüchtigen Blick. Es geht ja nicht darum, dass Sie kein Begehren verspüren sollen, sondern darum, dass der Geist fähig ist zu schauen, ohne Etiketten zu verteilen. Er kann den Mond ansehen, ohne sofort zu sagen: »Das ist der Mond, wie schön er doch ist.« Dann kann das Plappern des Geistes nicht zwischen Sie und das Objekt treten. Wenn Sie das können, werden Sie feststellen, dass in der Intensität der Beobachtung, des Fühlens, der wahren Zuneigung Liebe auf ganz eigene Weise aktiv wird. Und die hat nichts zu tun mit den widersprüchlichen Impulsen des Begehrens.

9

Können wir lieben ohne den Wunsch, zu besitzen?

Probieren Sie es aus, und Sie werden sehen, wie schwierig es für den Geist ist, einfach nur zu beobachten, ohne Geplapper über das beobachtete Objekt. Die Liebe ist doch sicher genauso, oder?

Wie können Sie lieben, wenn Ihr Geist nie still ist, wenn Sie immer über sich selbst nachdenken? Einen Menschen mit seinem ganzen Sein zu lieben, mit Geist, Herz und Körper, verlangt eine enorme Intensität. Wenn Liebe so intensiv ist, verschwindet das Begehren bald. Die meisten von uns aber erreichen bei allen Dingen nie eine solche Intensität, ob nun bewusst oder unbewusst. Außer es geht um unseren Profit. Wir lassen uns emotional nie auf etwas ein, ohne uns etwas anderes davon zu erhoffen.

10

Begehren ist der Beginn der Liebe

Es ist also wichtig, das Begehren zu verstehen. Sie müssen »das Begehren verstehen«, nicht »frei von Begehren sein«. Wenn Sie das Begehren abtöten, sind Sie gelähmt. Wenn Sie den Sonnenuntergang vor sich betrachten, dann ist allein das Schauen eine Freude, wenn Sie auch nur einen Funken Sensibilität besitzen. Auch das ist Begehren – das Entzücken. Wenn Sie beim Anblick des Sonnenuntergangs kein Entzücken empfinden, dann besitzen Sie keine Sensibilität. Wenn Sie nicht in der Lage sind, einen reichen Menschen in seinem großen Auto zu sehen und darüber Freude zu empfinden – nicht weil Sie das Auto selbst haben möchten, sondern weil Sie sich einfach freuen, einen Menschen in einem großen Auto zu sehen –, dann sind Sie nicht feinfühlig. Wenn Sie nicht einen armen, ungewaschenen, dreckigen und ungebildeten Menschen, der voller Verzweiflung ist, ansehen und dabei grenzenloses Mitleid, Zuneigung, Liebe empfinden können, dann sind Sie nicht feinfühlig. Wie aber können Sie zur Wirklichkeit finden, wenn Sie diese Sensibilität, diese Gefühle nicht haben?

Sie müssen also das Begehren verstehen … Aus diesem Verständnis heraus entsteht Liebe. Viele von uns kennen keine Liebe, wir wissen also nicht, was sie bedeutet. Wir kennen Lust, wir kennen Schmerz. Wir wissen um die Unbeständigkeit der Lust und vielleicht auch um die beständige Wiederkehr von Schmerz. Wir kennen das Vergnügen am Sex, die Freude darüber, wenn wir Ruhm, eine Stellung und Prestige erlangt haben … Wir reden ständig über die Liebe, aber wir wissen nicht, was sie eigentlich bedeutet, weil wir das Begehren nicht verstanden haben, das am Anfang der Liebe steht …

11

Wie entsteht Leidenschaft?

Jemand, der das Begehren begreift, versteht und hört auf jede Regung des Geistes und des Herzens, auf jede Stimmung, jeden Wechsel der Gedanken und Gefühle, weil er sie beobachtet. Solch ein Mensch ist sensibel geworden, lebendig und wach für diese Dinge. Sie können nicht fürs Begehren wach sein, wenn Sie es verdammen oder vergleichen. Es muss Ihnen wichtig sein, weil es Ihnen ein tiefes Verständnis schenkt. Aus diesem Verständnis wiederum erwächst Sensibilität. Dann sind Sie sensibel, nicht nur körperlich für die Schönheit, sondern auch für den Schmutz, die Sterne, ein lächelndes Gesicht oder Tränen. Sie sind sensibel für all das Murmeln und Flüstern in Ihrem Geist, die geheimen Hoffnungen und Ängste.

Aus diesem Hinhören und Beobachten entsteht die Leidenschaft. Jene Leidenschaft, die mit der Liebe verwandt ist.

12

Der Ärger beginnt, wenn die Gedanken auf das Begehren einwirken

Wenn ich Begehren verspüre, dann ist das lustvoll, und ich versuche, es zu verlängern, indem ich darüber nachdenke. Man denkt an Sex. Sie denken daran und schreiben ihn damit fort. Oder Sie denken an das Leid, das Sie gestern erfahren haben, das Unglück. Auch dieses schreiben Sie auf dieselbe Weise fort. Dass Begehren aufkommt, ist natürlich und unvermeidlich. Sie brauchen das Begehren, Sie müssen darauf reagieren. Sonst sind Sie tot. Wichtig aber ist herauszufinden, wann Sie es verlängern können und wann nicht.

Sie müssen also die Struktur des Denkens verstehen, welches das Begehren beeinflusst, kontrolliert, prägt und es so fortschreibt. Richtig? Das ist klar. Das Denken hängt vom Gedächtnis und so weiter ab – aber darauf werden wir im Moment nicht eingehen. Wir zeigen hier nur auf, wie das Begehren verstärkt wird, indem man ständig darüber nachdenkt und ihm so Dauerhaftigkeit verleiht – das ist es, was wir wollen. Und mit diesem Wollen arbeiten wir. Es beruht auf Vergnügen oder Leid. Ist es angenehm, dann will ich mehr davon. Ist es schmerzlich, dann lehne ich es ab.

Der Widerstand gegen Schmerz und das Streben nach Vergnügen – beides verleiht dem Begehren Dauerhaftigkeit … In dem Moment, in dem Sie dem Begehren nachgeben, bringt es seinen eigenen Schmerz, sein eigenes Vergnügen mit sich. Und schon stehen Sie wieder am Anfang des Teufelskreises.

13

Es sind die Gedanken, die Sex zur Lust machen

Das Denken verlängert, wie gesagt, das Vergnügen, indem es über Dinge nachdenkt, die lustvoll waren. Wir kultivieren ein Bild davon. Das Denken ruft das Vergnügen hervor. Das Nachdenken über den Sexualakt wird zur Lust, was etwas ganz anderes ist als der sexuelle Akt. Was die meisten Menschen interessiert, ist die Leidenschaft der Lust. Sich vor und nach dem Sex danach zu sehnen ist Lust. Dieses Verlangen ist ein gedankliches. Denken ist nicht Liebe.

Frage: Kann es Sex geben ohne das gedankliche Begehren?
Krishnamurti: Das müssen Sie für sich selbst herausfinden. Sex spielt eine wichtige Rolle in unserem Leben, weil es vermutlich die einzige tiefgehende Erfahrung aus erster Hand ist, die wir kennen. Intellektuell und emotional passen wir uns an, wir imitieren, folgen und gehorchen. All unsere Beziehungen sind von Schmerz und Mühe geprägt, nur der Sexualakt nicht. Dieser Akt ist so anders, so schön, dass wir danach süchtig werden. Und so wird auch dies eine Fessel. Die Fessel ist das Verlangen, dass diese

Erfahrung andauert – auch hier spielt das Zentrum, das spaltet, also das »Ich« eine Rolle. Wir sind davon so sehr eingeengt – intellektuell, in der Familie, in der Gemeinschaft. Die soziale Moral, die religiösen Sanktionen – das alles engt uns ein, sodass nur diese eine Beziehung übrig ist, in der Freiheit und Intensität herrschen. Daher verleihen wir ihr eine so enorme Bedeutung. Gäbe es hingegen rundherum Freiheit, wäre dies nicht so ein heftiges Verlangen und so ein Problem. Wir machen es zum Problem, weil wir davon nicht genug bekommen können oder weil wir uns schuldig fühlen, dass wir es genossen haben, oder weil wir dabei die gesellschaftlichen Regeln gebrochen haben. Es ist die alte Gesellschaft, welche die neue Gesellschaft freizügig nennt, denn für die neue Gesellschaft ist Sex einfach ein Teil des Lebens. Wenn wir den Geist von den Fesseln der Imitation, der Autorität, der Anpassung und der religiösen Gebote befreien, hat Sex seinen ganz eigenen Platz, aber er ist nicht mehr alles verzehrend. Das zeigt uns, dass Freiheit für die Liebe grundlegend ist – nicht die Freiheit der Revolte oder die Freiheit, zu tun, was immer man will, oder die Freiheit, offen oder im Geheimen seinem Verlangen nachzugehen, sondern die Freiheit, die darin liegt, diese ganze Struktur und die Natur des Zentrums zu verstehen. Dann ist Freiheit Liebe.

Frage: Freiheit ist also kein »Freibrief«?

Krishnamurti: Nein. Dieser Freibrief ist vielmehr eine weitere Fessel. Liebe ist nicht Hass oder Eifersucht, Ehrgeiz oder Konkurrenz mit der zugehörigen Angst vor dem Versagen. Sie ist nicht die Liebe Gottes oder der Menschen – was wieder eine Spaltung darstellt. Liebe gilt nicht einer Person oder vielen. Wenn Liebe vorhanden ist, ist sie persönlich und unpersönlich, mit oder ohne Objekt. Sie ist wie der Duft einer Blume. Den kann ein Einzelner ebenso riechen wie eine Menschenmenge: Was zählt, ist der Duft – nicht, wem er gehört.

14

Das Problem ist nicht der Sex, sondern ein Mangel an Liebe

Wenn wir jung sind, haben wir starke sexuelle Triebe. Die meisten von uns versuchen, mit diesen Wünschen umzugehen, indem sie sie kontrollieren und disziplinieren, weil wir glauben, die Lust würde uns verzehren, wenn wir uns keine Schranken auferlegen. Organisierte Religionen sorgen sich sehr um unsere Sexualmoral. Dabei erlauben sie uns Gewalt und Mord im Namen des Patriotismus. Sie befürworten Neid und schlaue Rücksichtslosigkeit im Streben nach Macht und Erfolg. Warum aber interessieren sie sich so sehr für diese spezielle Art der Moral und wenden sich nicht gegen Ausbeutung, Gier und Kriege? Liegt es vielleicht daran, dass die Existenz organisierter Religionen, die schließlich Teil des von uns geschaffenen Umfelds sind, von unseren Ängsten und Hoffnungen, unserem Neid und unseren Spaltungsbestrebungen abhängt? Auf dem Gebiet der Religion ist es wie in allen anderen Bereichen: Der Geist verfängt sich in den Projektionen seiner eigenen Wünsche.

Solange es kein tiefgründiges Verständnis des gesamten Begehrensprozesses gibt, kann die Institution der Ehe, ob nun im

Osten oder im Westen, auf das Problem der Sexualität keine Antwort liefern. Liebe entsteht nicht, indem man einen Vertrag unterzeichnet. Sie beruht nicht auf dem Austausch von Annehmlichkeiten, auf der gegenseitigen Zusicherung von Sicherheit und Bequemlichkeit. All diese Dinge werden vom Geist geschaffen, daher nimmt die Liebe in unserem Leben nur einen sehr kleinen Raum ein. Denn die Liebe wird nicht vom Geist geschaffen. Sie ist unabhängig vom Denken, von dessen schlauer Berechnung, seinen Forderungen und Reaktionen, die nur seinem Selbstschutz dienen. Wo Liebe ist, ist Sex kein Problem – es ist vielmehr der Mangel an Liebe, der die Probleme schafft.

15

Warum denken wir über Sex nach?

Warum aber denkt der Geist überhaupt über Sex nach? Wieso? Warum ist das so ein zentrales Thema in Ihrem Leben? Sex wird zu einem außergewöhnlichen, schwierigen und komplexen Problem, solange Sie den Geist nicht verstehen, der über dieses Problem nachdenkt. Der Akt selbst kann nie zum Problem werden, erst das Nachdenken darüber schafft das Problem.

KAPITEL 3

PARTNER UND PARTNERINNEN

1

Warum entsteht in Beziehungen so schnell Abhängigkeit?

Auf der materiellen Ebene hängen wir ab vom Postboten, vom Milchmann und vom Supermarkt. Wenn wir aber von Abhängigkeit reden, was meinen wir mit diesem Wort? Sind alle Beziehungen abhängiger Natur?

Analytisch können wir leicht feststellen, warum man abhängig ist. Man ist leer, genügt sich selbst nicht, hat nicht genug Energie, Antrieb, Fähigkeiten, Klarheit. Man hängt von anderen ab, die dieses Ungenügen füllen sollen, diesen Mangel an Wahrnehmung, dieses Gefühl, moralisch, intellektuell, emotional und körperlich nicht für sich selbst sorgen zu können. Man ist auch abhängig durch den Wunsch nach Sicherheit. Das Erste, was ein Kind verlangt, ist Sicherheit. Die meisten Menschen wünschen sich Sicherheit, zu der auch eine gewisse Bequemlichkeit gehört. Um all diese Dinge geht es, wenn wir herausfinden wollen, warum wir emotional, intellektuell und spirituell abhängig sind.

Ich bin von Ihnen abhängig, weil Sie mir Vergnügen verschaffen und Behaglichkeit. Sie geben mir ein Gefühl von Sicherheit, Ausgeglichenheit, Harmonie, Kameradschaft und Zusammensein. Wir werden gleich untersuchen, ob dies real oder irreal ist. Ich hänge also emotional, körperlich, intellektuell oder anderweitig von Ihnen ab. Ich allein bin isoliert. Ich fühle mich von allen anderen abgekoppelt. Diese Trennung ist schmerzhaft. Aus der Isolation entsteht das Verlangen, sich mit jemand anderem zu identifizieren. Und bitte: Akzeptieren Sie nicht einfach, was ich sage. Wir werden das gemeinsam untersuchen, analysieren und durchgehen.

2

Warum will ich unbedingt einen Partner oder eine Partnerin?

Weil wir uns isoliert fühlen, versuchen wir, einen Gefährten, eine Freundin zu finden, irgendetwas, woran wir uns klammern können. Das findet überall statt, intellektuell, emotional, körperlich, auf den tieferen Ebenen des Bewusstseins – das ständige Verlangen, jemanden zu finden, oder eine Idee, eine Hoffnung, irgendetwas, das uns das intensive Gefühl des Daseins vermittelt, eine Identifikation mit dem anderen oder mit uns selbst. Wir machen das, weil wir ein Gefühl der Leere verspüren, der Einsamkeit, des Ungenügens in unseren stets selbstbezogenen Aktivitäten … Wenn wir uns an einen Menschen oder eine Idee geklammert haben, dann entsteht schon aus diesem Prozess Unsicherheit. Wir haben Angst, dass das, woran wir uns festhalten, in Wirklichkeit unfassbar und ungewiss ist. Wir werden eifersüchtig, aggressiv, fordernd, besitzergreifend, dominant – und der Kampf beginnt.

Sie wollen frei sein, und ich kann Ihnen keine Freiheit schenken. Sie wollen einer anderen Person hinterhersehen, und schon bin ich verwirrt, verloren, eifersüchtig, ängstlich. Diesen Prozess nennt man Beziehung. Miteinander in Kontakt sein, das ist Beziehung. Aber ich bin eben nicht in Kontakt mit einem anderen Menschen, weil ich klammere, aus Angst, aus Einsamkeit, aus Anspannung, aus der Beschäftigung mit meinen selbstbezogenen Aktivitäten heraus. Wie kann ich mir des anderen sicher sein? … Nichts auf der Welt ist je sicher, aber ich will mich in der sicheren Beziehung zu jemand anderem verankert wissen …

Sie können nicht loslassen. Dabei ist das Entscheidende nicht das Loslassen, sondern die Erkenntnis, warum Sie abhängig sind. Wenn das klar ist, ist das Ganze vorüber. Wenn nicht, dann lassen Sie vielleicht bei dem einen Menschen los, nur um sich gleich an den nächsten zu hängen.

3

Wir nennen es Liebe

Wir nennen es Liebe. Wir nennen es Schutz. Wir verpassen dem Ganzen Dutzende absurder Bezeichnungen, aber wir haben nie herausgefunden, was Beziehungen wirklich sind. Wir gehen Beziehungen ein, weil wir uns innerlich verunsichert fühlen, weil wir uns Sicherheit wünschen. Wir wollen, dass man uns der Beziehung versichert. Das ist eine tiefere, subtilere Abhängigkeit als die körperliche. Wenn wir nicht abhängig wären, was würde dann passieren? Wir wären verloren. Wir hätten keinen Anker mehr. Keinen Hafen, von dem wir sagen könnten: »Hier bin ich zu Hause.«

4

Leidenschaft oder Lust, das Schöne am Sex

Wo immer Gedanken das Bild des Vergnügens formen, haben wir es mit Lust zu tun, nicht mit der Freiheit der Leidenschaft. Wenn das Streben nach Vergnügen der wesentliche Antrieb ist, geht es um Lust. Wenn die sexuelle Empfindung aus Vergnügen entsteht, ist es Lust. Entsteht sie aus Liebe, ist es nicht Lust, auch wenn das Entzücken groß sein mag … Das Schöne am Sex ist die Abwesenheit des »Ich«, des Egos. Denken wir an Sex, dann wird das Ego bestärkt, und dann haben wir es wieder mit Vergnügen zu tun …

Frage: Was ist dann eigentlich Leidenschaft?
Krishnamurti: Sie hat mit Freude und Ekstase zu tun, nicht mit bloßem Vergnügen. Am Vergnügen ist immer ein gewisses Bemühen beteiligt – ein Suchen, Begehren, Fordern, der Kampf, es zu behalten, zu bekommen. Bei der Leidenschaft gibt es kein Fordern und daher keinen Kampf. Die Leidenschaft kennt kein Streben nach Erfüllung, daher gibt es hier keine Frustration und keinen Schmerz. Leidenschaft ist die Freiheit vom »Ich« … daher ist Leidenschaft die Essenz des Lebens. Das, was sich bewegt und lebt. Bringt das Denken aber all die Probleme des Habens und Festhaltens ins Spiel, dann endet die Leidenschaft.

5

Warum ist Sex so wichtig geworden?

Wie ist es möglich, die sexuellen Bedürfnisse intelligent zu lösen und sie nicht zum Problem zu machen?

Nun, was meinen wir denn mit Sex? Den rein körperlichen Akt oder den Gedanken, der uns erregt, stimuliert und den Akt fördert?

Warum ist Sex in unserem Leben so ein Problem geworden?

Sex ist ein Problem, weil es so aussieht, als sei im Akt das Selbst vollkommen abwesend. In diesem Augenblick sind Sie glücklich, weil das Bewusstsein Ihres Selbst, Ihres »Ich« fort ist und Sie davon mehr haben wollen – mehr von der Auflösung des Selbst, in der das vollkommene Glück liegt durch die totale Verschmelzung, die vollkommene Integration. Natürlich wird das dann äußerst wichtig. Ist es nicht so? Da es mir die unverfälschte Freude vollkommenen Selbstvergessens schenkt, will ich davon immer mehr und mehr. Warum will ich mehr davon? Weil ich überall sonst im Konflikt lebe … All unsere Beziehungen zu Eigentum, zu Menschen, zu Ideen sind von Konflikt, Schmerz, Kampf und Unglück geprägt … Natürlich wollen Sie mehr von der Selbstvergessenheit, weil sie Ihnen Glück schenkt, während alles andere Sie unglücklich macht …

Das Problem liegt also nicht beim Sex, sondern darin, wie wir uns vom Selbst befreien. Sie haben diesen Seinszustand gekostet, in dem es kein Selbst gibt, und sei es nur für ein paar Sekunden, für einen Tag … Daher diese ständige Sehnsucht nach mehr von diesem selbstlosen Zustand.

Solange Sie diesen Konflikt nicht vollkommen gelöst haben, wird diese Befreiung vom Selbst durch Sex immer ein schreckliches Problem bleiben …

6

Liebe ist nicht nur Sex

Und wie kommen Sie nun zur Liebe? Liebe ist doch sicher keine Kopfsache, oder? Und sie ist auch nicht nur der Sexualakt. Liebe ist etwas, das der Geist sich nicht vorstellen kann …

Liebe entsteht nur, wenn man das Selbst vollkommen vergisst. Um den Segen der Liebe zu erfahren, muss man frei werden, indem man ein Verständnis von Beziehungen entwickelt. Wenn Liebe vorhanden ist, gewinnt der Sexualakt eine ganz andere Bedeutung. Dann ist er keine Flucht, keine Gewohnheit … Liebe ist ein Seinszustand.

7

Homosexualität ist eine Tatsache, ebenso wie Heterosexualität

Es gibt Menschen, die mit Homosexualität enorme Schwierigkeiten haben. Und die Lehrer gehen dieser Frage seit Jahrhunderten aus dem Weg … Dieser Frage, die schon seit Tausenden von Jahren besteht … Die Heterosexualität ist eine Tatsache, aber so wie sie existiert eben auch die Homosexualität. Warum machen wir ein Problem daraus? Offensichtlich haben wir kein Problem, Heterosexualität zu akzeptieren. Warum ist das dann bei der Homosexualität so schwierig? Sie ist eine Tatsache. Sollen wir also die Frage nach Hetero- beziehungsweise Homosexualität jeweils anders untersuchen? Wir sollten nicht das eine oder das andere verdammen oder das eine gutheißen und das andere leugnen. Wir sollten uns vielmehr fragen, warum Sexualität, also beide Formen, für uns so enorm wichtig geworden ist.

8

Wir versuchen nicht, einen Berg oder einen Vogel zu verändern, warum also sexuelle Orientierungen?

Nur der freie Geist, das freie Gehirn hat keine Probleme. Es kann sich der Probleme annehmen und sofort eine Lösung finden … Wir haben Probleme in der Beziehung zwischen Männern und Frauen oder zwischen Männern und Männern, Frauen und Frauen, mit Homosexualität in diesem Land, und zwar mehr und mehr. Nicht, dass es sie nicht auch in anderen Ländern gäbe. Doch hier werden diese Probleme langsam ... – Sie wissen darüber Bescheid. Sehen Sie sich das genau an. Beobachten Sie es. Versuchen Sie nicht, es zu ändern oder in eine bestimmte Richtung zu lenken, indem Sie sagen: »So darf es nicht sein.« Oder: »So muss es sein.« Oder: »Helfen Sie mir, darüber hinwegzukommen.« Nein, Sie beobachten nur. Sie können den Umriss dieses Bergkamms nicht verändern oder den Flug des Vogels oder das geschwinde Fließen des Wassers. Sie müssen nur beobachten und Schönheit darin sehen. Aber wenn Sie hinschauen und sagen: »Das ist aber nicht so schön, wie der Berg gestern war«, dann beobachten Sie nicht. Sie vergleichen nur.

9

Die Bedeutung des Teilens, der Verbundenheit mit anderen

Das Leben ist ständige Bewegung in Beziehungen. Wenn jemand wach ist, wach für alle Dinge, die in dieser Welt geschehen, dann muss die Bewegung, die das Leben ist, verstanden werden. Und zwar nicht auf irgendeiner besonderen Ebene – ob nun wissenschaftlich, biologisch oder traditionell – oder auf der Ebene des Wissenserwerbs, sondern in ihrer Ganzheit. Sonst kann man nichts teilen.

Sie wissen ja, dass Worte eine außerordentliche Bedeutung haben. Wir können Geld oder Kleidung teilen. Wenn wir ein wenig zu essen haben, können wir es weggeben, wir können es miteinander teilen. Aber darüber hinaus teilen wir kaum je etwas mit anderen. Beim Teilen geht es nicht nur um verbale Kommunikation – womit das Verständnis der Bedeutung und Natur der Worte gemeint ist. Es geht auch um Verbundenheit. Diese Verbundenheit ist eines der schwierigsten Dinge im Leben. Vielleicht sind wir ganz gut darin, zu kommunizieren, was wir haben oder wollen oder zu erhalten hoffen. Aber einander verbunden zu sein ist eine höchst schwierige Angelegenheit.

Denn Verbundenheit setzt doch voraus, dass die beiden Beteiligten – sowohl der Sprecher als auch der Zuhörer – eine gewisse Intensität, eine Leidenschaft teilen, dass sie zur selben Zeit auf derselben Ebene sind, in einem Geisteszustand, der weder akzeptiert noch ablehnt, sondern einfach aktiv zuhört. Nur dann besteht die Möglichkeit der Verbundenheit, die Möglichkeit, mit etwas verbunden zu sein. Verbundenheit mit der Natur ist vergleichsweise einfach. Sie können mit etwas verbunden sein, wenn es keine – verbalen oder intellektuellen – Barrieren zwischen Ihnen, dem Beobachter, und dem Objekt der Beobachtung gibt. Das ist vielleicht ein Zustand von Zuneigung, ein Zustand der Intensität, sodass sich beide zur selben Zeit auf derselben Ebene mit derselben Intensität treffen. Anders ist Kommunikation nicht möglich – und schon gar keine Verbundenheit, die das Teilen schließlich ausmacht. Dieser Akt der Verbundenheit ist tatsächlich bemerkenswert, weil es ebenjene Verbundenheit und die damit einhergehende Intensität ist, die unseren gesamten Geisteszustand umwandeln kann.

Denn schließlich kann es nur dann Liebe geben – wenn ich dieses Wort einmal ohne jede bestimmte Bedeutung verwenden darf –, wenn etwas geteilt wird. Das wiederum ist nur möglich, wenn diese besondere Qualität der Intensität vorhanden ist, eine nonverbale Kommunikation auf derselben Ebene zur selben Zeit. Sonst ist das keine Liebe. Sonst haben wir es nur mit Emotionalität zu tun, mit Sentimentalität. Und das ist wertlos.

Unser Alltag – nicht der köstliche Moment einer Sekunde, sondern das Alltagsleben – besteht aus Mitteilen, Zuhören und Verstehen. Nur gehört das Zuhören für die meisten von uns zu den schwierigsten Dingen überhaupt. Es ist eine große Kunst, weit größer als jede andere. Wir hören kaum je zu, weil die meisten von uns so sehr mit ihren eigenen Problemen, ihren eigenen Ideen und Meinungen beschäftigt sind – dem ewigen Geplapper über unser Ungenügen, unsere Fantastereien, Mythen und ehrgeizigen Bestrebungen. Man achtet kaum auf etwas anderes – nicht auf die Worte des Gegenübers, aber auch nicht auf die Vögel, den Sonnenuntergang, die Reflexe auf der Wasseroberfläche. Man sieht oder hört kaum je richtig. Wenn jemand aber zuhören kann – was eine erstaunliche Energie erfordert –, dann entsteht im Akt des Zuhörens die vollkommene Verbundenheit. Die Worte, die Bedeutung der Worte und die Konstruktion der Worte haben wenig Bedeutung. Sie und der Sprecher müssen also wirklich zusammenfinden, einig sein in Bezug auf Wahrheit oder Falschheit dessen, was gesagt wird. Den meisten von uns fällt Zuhören schwer. Aber nur durch Zuhören lernen wir.

10

Ein Freund oder Liebespartner ist kein Möbelstück

Beziehungen, die auf wechselseitigen Bedürfnissen gründen, bringen nur Konflikte mit sich. Wie sehr wir auch gegenseitig voneinander abhängen mögen, wir benutzen einander zu einem bestimmten Ziel und Zweck. Wenn es aber um Zwecke geht, existiert keine Beziehung. Sie können mich benutzen und ich Sie. In dieser auf Nutzen basierenden Beziehung aber verlieren wir den Kontakt zueinander. Eine Gesellschaft, die auf wechselseitigem Benutzen beruht, schafft die Grundlage für Gewalt. Wenn wir einander benutzen, ist unser einziger Gewinn das Bild des Ziels, welches wir im Auge haben. Dieses Ziel, der Gewinn, verhindert jede Beziehung und Verbundenheit. Wenn wir einander benutzen, dann kann das befriedigend und tröstlich sein, aber es mischt sich immer die Angst hinein. Um der Angst zu entgehen, müssen wir besitzen. Und aus diesen Besitzansprüchen entstehen Neid, Verdachtsmomente und ständige Konflikte. Solch eine Beziehung schenkt niemals Glück.

Eine Gesellschaft, deren Grundstruktur auf bloßen – physischen und psychischen – Bedürfnissen beruht, führt zwangsläufig zu Konflikten, Verwirrung und Unglück. Die Gesellschaft ist die Projektion Ihrer selbst in die Beziehung zum anderen, wobei Bedürftigkeit und Nutzen dominieren. Wenn Sie jemand anderen für Ihre körperlichen und psychischen Bedürfnisse ausnutzen, dann besteht im Grunde gar keine Beziehung. Sie haben keinen echten Kontakt zu der anderen Person, keine Verbundenheit mit ihr. Wie können Sie mit dieser Person verbunden sein, wenn Sie sie benutzen wie ein Möbelstück, für Ihre Bequemlichkeit und Ihr Wohlbehagen? Daher ist es so wichtig, die Bedeutung von Beziehungen im Alltag zu verstehen.

11

Lieben und geliebt werden

Ist es nicht sehr wichtig, dass wir lieben und geliebt werden, wenn wir jung sind? Mir scheint allerdings, dass die meisten von uns weder lieben noch geliebt werden. Und ich glaube, es ist ganz wesentlich, dieses Problem ernsthaft zu verstehen, wenn wir noch jung sind. Denn wenn wir jung sind, sind wir vielleicht sensibel genug, um es zu fühlen, seine Qualität zu erkennen, seinen Duft. Und all das wird vielleicht nicht vollkommen zerstört, wenn wir älter werden. Setzen wir uns also mit dieser Frage auseinander, das heißt: nicht damit, dass Sie geliebt werden sollten, sondern damit, dass Sie lieben sollten. Was heißt das nun? Ist das ein Ideal? Etwas Unerreichbares in weiter Ferne? Oder eher etwas, das jeder in den verschiedensten Momenten des Tages spüren kann? Es zu fühlen, sich dessen bewusst zu sein, Sympathie zu verspüren, Verständnis zu haben, ganz selbstverständlich zu helfen, ohne jeden Hintergedanken, gütig zu sein, großzügig, Mitgefühl zu haben, sich einer Sache anzunehmen, sich um einen Hund zu kümmern, sich in das Leben eines Dorfbewohners einfühlen zu können, zu einem Freund großzügig zu sein, jemandem zu vergeben – ist es das, was wir mit Liebe meinen? Oder ist Liebe etwas, bei dem es keinen Groll gibt, sozusagen ewige Vergebung? Ist es denn nicht möglich, dass wir als junge Menschen so etwas fühlen? In der Jugend verspüren es die meisten Menschen – eine Art äußerliche Qual, Mitgefühl mit dem Dorfbewohner, mit dem Hund, mit den schlechter gestellten Menschen. Sollten wir dies nicht pflegen? Sollten wir nicht eine bestimmte Zeit reservieren, in der wir andere unterstützen, einen Baum oder Garten pflegen, im Haus oder im Wohnheim helfen? Damit wir im Heranreifen wissen, was es heißt, natürlich rücksichtsvoll zu sein – nicht mit dieser gezwungenen Rücksichtnahme, die nur ein negativer Ausdruck für das eigene Glück ist. Sondern mit einer Rücksichtnahme ohne Hintergedanken. Sollten Sie nicht, solange Sie noch jung sind, diese Art wahrer Zuneigung kennen? Man kann sie nicht lernen. Sie haben sie oder eben nicht. Und die Menschen, die sich um Sie kümmern, Ihr Vormund, Ihre Eltern, Ihre Lehrer, müssen sie ebenfalls besitzen. Die meisten Menschen haben sie nicht. Sie kümmern sich nur um ihre Leistung, ihre Sehnsüchte, ihren Erfolg, ihr Wissen und darum, was sie getan haben. Sie haben ihre Vergangenheit zu solcher Bedeutung aufgebläht, dass diese sie allmählich zerstört.

Sollten Sie also nicht in Ihrer Jugend erfahren, was es heißt, sich um die Bäume zu kümmern oder um ein paar Bäume, die Sie selbst gepflanzt haben, sodass da dieses Gefühl entsteht, ein subtiles Gefühl der Sympathie, der Fürsorge, der Großzügigkeit? Echte Großzügigkeit – nicht die Großzügigkeit des Geistes –, die bedeutet, dass Sie das wenige, das Sie haben, mit jemandem teilen? Wenn dies nicht der Fall ist, wenn Sie dieses Gefühl nicht als junger Mensch kennenlernen, dann wird es sehr schwierig, es im Alter zu entwickeln. Wenn Sie also dieses Gefühl der Liebe, der Großzügigkeit, der Güte, der Sanftmut in sich tragen, dann können Sie es vielleicht auch bei anderen erwecken.

KAPITEL 4

ABSTINENZ UND KEUSCHHEIT

1

Abstinenz ist nur Kontrolle

Der Mensch versucht seit jeher, einen Zustand der Glückseligkeit, der Wahrheit zu erreichen. Und der Mensch zermartert sich den Geist – durch Disziplin, Kontrolle, Selbstverleugnung, Abstinenz und Entbehrungen …

Alle Systeme östlicher und westlicher Denkungsart setzen auf ständige Kontrolle, auf ständiges Zermartern des Geistes, um sich an ein Muster anzupassen, das der Priester vorgibt, die heiligen Schriften vorgeben, all diese unseligen Dinge, die die Essenz der Gewalt ausmachen. Ihre Gewalt liegt nicht im Verleugnen des Fleisches, sondern in der Leugnung jeglicher Form des Begehrens, jeglicher Form der Schönheit …

2

Abstinenzgelübde sind Energieverschwendung, was nicht heißt, dass man sich dem Sex stets hingeben sollte

Sie legen ein Gelübde ab … von nun an stehen Sie Ihr Leben lang im steten Kampf mit sich selbst, um dieses Gelübde einzuhalten. Welche Energieverschwendung! Es ist aber auch Energieverschwendung, dem sexuellen Drang ständig nachzugeben. Doch es ist schwieriger, wenn Sie sich dafür entschieden haben, ihn zu unterdrücken. Die Anstrengung, die Sie aufwenden, um Ihr Verlangen zu kontrollieren oder zu leugnen, verzerrt Ihren Geist …

3

Abstinenz ist nur Kontrolle: Keuschheit ist Liebe

Keuschheit kann es nur geben, wo es Liebe gibt. Ohne Liebe gibt es keine Keuschheit. Ohne Liebe ist Keuschheit nur Lust in anderer Form … Keuschheit ist kein Problem mehr, wenn da auch Liebe ist. Dann ist auch das Leben kein Problem mehr. Das Leben sollte vollständig in der Fülle der Liebe gelebt werden. Diese Revolution wird eine neue Welt hervorbringen.

4

Wo Liebe ist, nimmt Sex den rechten Platz ein

Ein diszipliniertes Herz, ein unterdrücktes Herz kann niemals wissen, was Liebe ist. Es kann die Liebe nicht kennen, wenn es in Gewohnheiten und Empfindungen verstrickt ist, seien diese nun religiöser oder körperlicher, psychischer oder sinnlicher Art … Nur wenn Geist und Herz frei sind von Furcht, von routinemäßigen sinnlichen Gewohnheiten, wenn Großzügigkeit und Mitgefühl herrschen, dann entsteht Liebe. Solch eine Liebe ist stets keusch.

KAPITEL 5

EHE UND FREUNDSCHAFT

1

Wir sind nie bei jemandem daheim, weil wir immer in unseren eigenen Gedanken leben

Wir alle wünschen uns Gefährten. Wir alle wollen sexuelle Beziehungen, das ist eine biologische Notwendigkeit. Und wir wollen jemanden, auf den wir uns verlassen können, bei dem wir Sicherheit finden und ein Gefühl von Trost und Unterstützung. Da die meisten von uns allein nicht zurechtkommen, sagen wir uns: »Ich muss heiraten.« Oder: »Ich brauche einen Freund oder was auch immer. Ich brauche jemanden, bei dem ich mich daheim fühlen kann.« Aber wir können uns nie bei jemandem daheim fühlen, weil wir in unseren Gedanken leben, in unseren Problemen, unseren Ambitionen und so weiter. Wir haben Angst, allein dazustehen. Denn das Leben ist sehr einsam, es ist höchst komplex und schwierig. Daher brauchen wir jemanden, mit dem wir über alles reden können. Und wenn Sie heiraten, haben Sie eine sexuelle Beziehung, Kinder und so weiter. In dieser Beziehung beuten sich die Partner aus, wenn keine Liebe vorhanden ist …

Wir müssen also herausfinden, wie wir ohne Konflikte mit einem anderen Menschen leben können … Und das erfordert eine Menge Intelligenz und Integrität.

2

Beziehung heißt: in Kontakt sein

Das Wort bedeutet: in Kontakt sein, ein Gefühl von ganzheitlicher Verbundenheit mit jemandem haben. Nicht, dass zwei verschiedene Menschen zusammenkommen und sich ganz fühlen, sondern die Beziehung selbst bringt diese Qualität mit sich, dieses Gefühl, nicht getrennt zu sein …

Stehen wir je auf diese tiefgründige Weise in Beziehung, wie dieses Wort es bedeutet? Kann es eine solche Beziehung geben, durch nichts aufgewühlt wie die Tiefen des Ozeans?

3
Die Beziehung ist etwas, das erblüht

Wenn wir diese Qualität im Geist, im Gehirn, im Gefühl haben, dass die Beziehung erblüht, in Bewegung ist – dass sie kein statischer Zustand ist, sondern etwas höchst Lebendiges, das man nicht in eine Schublade stecken und sagen kann: »Das ist es!«, und es verändert sich nicht mehr –, dann können wir uns fragen: Was ist die Ehe? Richtig? Oder nicht nur die Ehe, denn man kann auch einfach nur zusammenleben, auch sexuell, als Gefährten, Händchen halten, reden …

Verantwortung ist grundlegend – richtig? Ich bin verantwortlich für die Menschen, mit denen ich lebe. Ich bin verantwortlich, nicht nur gegenüber meiner Frau, sondern auch für alles, was in der Welt geschieht …

Wenn ich Kinder habe, wenn ich sie so liebe, wie ich es tue, und mich verantwortlich fühle, bin ich verantwortlich für ihr ganzes Leben, und sie sind ihr Leben lang verantwortlich für mich. Ich muss zusehen, dass sie eine gute Erziehung erhalten und nicht im Krieg abgeschlachtet werden …

Wenn jemand diese Qualität der Liebe nicht hat, verfehlt er alles, was wesentlich ist.

4

In der Gewohnheit gibt es keine Liebe

Nur für die ganz wenigen Menschen, die lieben, hat die eheliche Beziehung eine Bedeutung. Dann ist sie unzerstörbar, nicht nur Gewohnheit oder Bequemlichkeit, und sie beruht auch nicht nur auf biologischen, sexuellen Bedürfnissen. In dieser bedingungslosen Liebe verschmelzen die Identitäten.

Aber für die meisten von Ihnen ist die eheliche Beziehung keine Verschmelzung ... Sie leben in Ihrer Isolation, und Ihr Partner lebt in der seinen. Gemeinsam haben Sie Ihre Gewohnheiten des gesicherten sexuellen Vergnügens begründet.

Liebe aber hat mit Gewohnheit nichts zu tun. Liebe ist freudvoll, kreativ und durch und durch neu. Daher ist Gewohnheit das Gegenteil von Liebe. Aber Sie haben sich in der Gewohnheit verfangen, und natürlich ist eine gewohnheitsmäßige Beziehung zu jemand anderem tot ... Daher müssen Sie als verantwortungsvolles Individuum in einer Beziehung etwas unternehmen ... und Sie können nur dann tätig werden, wenn Ihr Geist und Ihr Herz erwachen.

5

Es muss doch möglich sein, eine funktionierende sexuelle Beziehung mit jemandem zu führen, den Sie lieben, ohne den Albtraum, der sich daraus üblicherweise entwickelt?

Können zwei Menschen denn nicht verliebt sein und so intelligent und sensibel, dass sie Freiheit leben können, ohne ein Zentrum, ein »Ich«, das Konflikte schafft? Konflikte sind nicht das Gefühl der Liebe. Liebe ist vollkommen konfliktfrei. Zu lieben bringt keinerlei Energieverlust mit sich. Der Energieverlust ist meist der Rattenschwanz, den das Ganze nach sich zieht – Eifersucht, Besitzdenken, Misstrauen, Zweifel, die Angst, diese Liebe zu verlieren, das ständige Verlangen nach Bestätigung und Sicherheit. Aber es muss doch möglich sein, eine funktionierende sexuelle Beziehung mit jemandem zu führen, den Sie lieben, ohne den Albtraum, der sich daraus üblicherweise entwickelt? Natürlich ist es das.

KAPITEL 6

LEHRER, SCHULE, ERZIEHUNG UND SIE

1

Warum erhalten Sie eine Erziehung?

Haben Sie je darüber nachgedacht, warum Sie eine Erziehung erhalten, warum Sie Geschichte, Mathematik, Geografie oder was auch immer lernen? Haben Sie je darüber nachgedacht, warum Sie zur Schule oder an die Universität gehen? Ist es nicht von enormer Wichtigkeit, herauszufinden, warum man Sie mit Informationen und Wissen vollstopft? Was ist denn die sogenannte Erziehung? Ihre Eltern haben Sie hierhergeschickt, weil sie vielleicht selbst bestimmte Prüfungen abgelegt und Abschlüsse erworben haben. Haben Sie sich je gefragt, warum Sie hier sind? Oder haben Ihre Lehrer Sie jemals gefragt, warum Sie hier sind? Wissen denn die Lehrer, aus welchem Grund sie wiederum da sind? Sollten Sie nicht herauszufinden versuchen, worum es bei all diesen Mühen geht – ums Lernen, um das Bestehen von Prüfungen, um ohne Angst an einem bestimmten Ort fern der Heimat zu leben, gut im Sport zu sein und so weiter? Sollten Ihre Lehrer Ihnen nicht helfen, all das zu untersuchen, statt Sie nur auf die Prüfungen vorzubereiten?

Können Sie all das erkennen? Ist Ihnen das alles nie aufgefallen, in Ihrer Familie oder Ihrer Nachbarschaft? Haben Sie bemerkt, dass das immer so weitergeht? Müssen Sie nicht herausfinden, was Erziehung eigentlich bedeutet, warum Sie eine Erziehung erhalten wollen, warum Ihre Eltern wollen, dass Sie eine Erziehung genießen, und warum man umständliche Reden darüber hält, was die Erziehung in der Welt bewirken soll? Sie möchten die Stücke Bernard Shaws lesen können oder Shakespeare beziehungsweise Voltaire oder einen modernen Philosophen zitieren? Aber wenn Sie selbst nicht intelligent sind, wenn Sie nicht kreativ sind, was soll die ganze Erziehung dann?

Ist es also für Lehrer wie Schüler nicht gleichermaßen wichtig, herauszufinden, wie man intelligent sein kann? Erziehung besteht nicht nur darin, dass man lesen und Prüfungen bestehen kann. Jeder halbwegs schlaue Mensch kann das. Erziehung besteht darin, die eigene Intelligenz zu kultivieren, oder etwa nicht?

Und mit Intelligenz meine ich nicht Schläue oder Cleverness, sodass man jemand anderen ausstechen kann. Denn sicher ist Intelligenz doch etwas ganz anderes. Intelligenz ist vorhanden, wenn Sie keine Angst haben. Und wann haben Sie Angst? Die Angst meldet sich, wenn Sie daran denken, was andere Menschen über Sie sagen, was Ihre Eltern wohl sagen mögen. Sie haben Angst davor, kritisiert oder bestraft zu werden oder bei einer Prüfung durchzufallen. Wenn Ihr Lehrer Sie tadelt, wenn Sie in Ihrer Klasse, Ihrer Schule, Ihrem Umfeld nicht beliebt sind, dann kriecht die Angst Ihnen langsam unter die Haut.

Angst ist ganz offensichtlich eines der größten Hindernisse der Intelligenz, oder? Ganz sicher aber ist es das Wesen der Erziehung, dem Lernenden – Ihnen und mir – zu helfen, die Ursachen der Angst zu erkennen und zu verstehen, sodass er von Kindesbeinen an furchtlos leben kann.

2

Echte Erziehung hilft Ihnen, das Leben zu verstehen, statt nur Belohnungen einzuheimsen

Die rechte Art der Erziehung hat mit individueller Freiheit zu tun, die allein zu echter Zusammenarbeit mit dem Ganzen, mit den vielen führt. Aber diese Freiheit ist nicht zu erlangen, indem man sich selbst aufbläht, weil man Erfolg hat. Freiheit entsteht aus Selbsterkenntnis, wenn der Geist über die Hindernisse hinausgeht, die er sich selbst in den Weg gelegt hat, weil er sich nach Sicherheit sehnt.

Es ist die Aufgabe der Erziehung, den Menschen bei der Entdeckung all dieser psychischen Hindernisse zu unterstützen, statt ihm neue Verhaltens- und Denkmuster aufzuoktroyieren. Dieser Druck wird nie Intelligenz oder kreatives Verständnis erwecken, sondern bloß die Konditionierung des Individuums immer weiter vorantreiben. Das passiert tatsächlich in aller Welt. Aus ebendiesem Grund bestehen unsere Probleme immer fort und vervielfachen sich sogar.

Erst wenn wir die tiefere Bedeutung des menschlichen Lebens zu verstehen beginnen, kann es wahre Erziehung geben. Doch um diese Art von Verständnis zu erlangen, muss der Geist sich auf intelligente Weise vom Wunsch nach Belohnung befreien, der letztlich zu Anpassung und Angst führt. Wenn wir unsere Kinder als persönlichen Besitz betrachten, wenn sie für uns nur die Fortschreibung unseres kleinen Selbst sind, die Erfüllung unserer Ambitionen, dann werden wir eine Umgebung schaffen, eine soziale Struktur, in der es keine Liebe gibt, sondern nur die Jagd nach selbstbezogenen Vorteilen.

3
Richtige Erziehung

Eine richtige Art der Erziehung gibt es nicht. Auf jedes einzelne Kind einzugehen erfordert Geduld, einen wachen Geist und Intelligenz. Die Neigungen eines Kindes zu beobachten, seine Talente, sein Temperament, seine Schwierigkeiten zu verstehen, sein Erbe und die Einflüsse der Eltern, und das Kind nicht in eine bestimmte Schublade zu stecken – das erfordert einen geschickten und flexiblen Geist, der nicht von bestimmten Systemen oder Vorurteilen behindert wird. Das verlangt Geschick, ein waches Interesse und vor allem Zuneigung. Dass wir in den Erziehern und Lehrern all diese Qualitäten wecken, gehört zu den wichtigsten Aufgaben unserer Zeit.

Der Geist individueller Freiheit und Intelligenz sollte ständig die ganze Schule durchwehen. Man kann das nicht dem Zufall überlassen. Wenn diese Dinge nur hin und wieder erwähnt werden, hat das keine Bedeutung.

Vor allem ist es wichtig, dass Schüler und Lehrer sich regelmäßig zusammentun, um über alles zu sprechen, was mit dem Wohlbefinden der Gruppe zu tun hat. Man muss ein Schülergremium bilden, in dem auch die Lehrer eine Stimme haben. Dieses kann dann alle Probleme ausdiskutieren, die mit Disziplin, Sauberkeit, Essen und so weiter zu tun haben. Es kann auch Schüler unterstützen, die Anzeichen von Zügellosigkeit, Gleichgültigkeit oder Widerborstigkeit zeigen.

Die Schüler sollten unter sich jene Personen auswählen, die Entscheidungen umsetzen sollen und für die allgemeine Aufsicht zuständig sind. Schließlich ist die Selbstverwaltung in der Schule eine gute Vorbereitung für die Eigenverantwortung im späteren Leben. Lernen die Kinder in der Schule, auf rücksichtsvolle, sachliche und intelligente Weise über ihre täglichen Probleme zu diskutieren, werden sie auch später effektiv und objektiv den komplexeren und größeren Schwierigkeiten begegnen können, die das Leben mit sich bringt. Die Schule sollte die Kinder ermutigen, ihre wechselseitigen Schwierigkeiten, Eigenheiten,

Stimmungen und Temperamente zu verstehen. Denn dann werden sie als Erwachsene ihre Beziehungen zu anderen Menschen rücksichtsvoll und geduldig angehen.

Der gleiche Geist der Freiheit und Intelligenz sollte sich auch im Unterricht zeigen. Wenn Kinder kreativ denken lernen sollen, statt sich nur wie Automaten zu verhalten, sollte man nicht erwarten, dass sie alle Formeln und Schlussfolgerungen einfach so hinnehmen. Selbst wenn es um die Naturwissenschaften geht, sollten wir die Kinder an diese klug heranführen, sodass sie Probleme in ihrer Gänze erkennen und sich dann selbst ein Bild machen können.

***

Geht es der Person, die mit der Erziehung betraut ist, um die Freiheit des Individuums und nicht um ihre eigenen Vorurteile, wird sie dem Kind helfen, diese Freiheit zu entdecken. Sie wird es ermutigen, seine Umgebung besser zu verstehen, sein Temperament, seinen religiösen und familiären Hintergrund mit all den Einflüssen, die diese Dinge auf das Kind haben können.

4

Entdecken Sie Ihre Interessen

Die rechte Art der Erziehung sollte dem Schüler außerdem helfen, herauszufinden, was ihn oder sie am meisten interessiert. Denn wenn die Schüler ihre wahre Berufung nicht finden, ist das ganze

Leben eine einzige Verschwendung. Von der Frustration, ständig etwas tun zu müssen, was einem nicht gefällt, ganz abgesehen.

Wenn ein Mädchen Künstlerin werden möchte und stattdessen Sekretärin wird, wird sie ihr ganzes Leben voller Groll verbringen und langsam dahinwelken. Daher ist es für jeden Menschen wichtig, herauszufinden, was er machen will, und dann zu prüfen, ob seine Wünsche den Einsatz wert sind.

Rechte Erziehung sollte die Schüler auch dabei unterstützen, ihre Fähigkeiten zu entwickeln und ihr höchstes Streben zu entdecken. In einer von Kriegen, Zerstörung und Elend zerrissenen Welt müssen wir in der Lage sein, eine neue soziale Ordnung aufzubauen, eine andere Art des Lebens zu schaffen.

Die Verantwortung für eine friedliche und erleuchtete Gesellschaft liegt bei den Erziehenden. Es liegt auf der Hand – ohne dass uns die Tatsache in emotionale Aufregung versetzen müsste –, dass diese Menschen eine ganz ausgezeichnete Gelegenheit haben, diese Art des sozialen Wandels herbeizuführen. Die rechte Art der Erziehung hängt nicht von den Regularien einzelner Regierungen ab oder von den Methoden eines bestimmten Systems. Sie liegt in unseren Händen, in den Händen der Eltern und Lehrer.

Würden Eltern sich wirklich um ihre Kinder kümmern, würden sie eine andere Gesellschaft aufbauen. Aber die meisten Eltern tun das eben nicht, und so haben sie keine Zeit für dieses drängendste aller Probleme. Sie haben Zeit fürs Geldverdienen, fürs Amüsement, für Riten und Gebete, aber nicht, um sich zu fragen, welche Erziehung für ihr Kind am besten ist. Das ist eine Tatsache, mit der die meisten Menschen sich nicht auseinandersetzen wollen. Denn das würde bedeuten, dass sie ihr Amüsement, ihre Ablenkungen aufgeben müssten, und das wollen sie nicht. Und so schicken sie ihre Kinder weit fort, in Schulen, in denen die Lehrer sich ebenso wenig um diese Frage kümmern wie sie selbst. Warum sollten sie auch? Für sie ist Erziehung und Lehren einfach nur ihr Job, mit dem sie Geld verdienen.

Die Welt, die wir geschaffen haben, ist oberflächlich, künstlich und hässlich, wenn man erst hinter den Vorhang schaut. Jedoch dekorieren wir den Vorhang noch und hoffen, dass am Ende trotzdem alles gut wird. Unglücklicherweise nehmen die meisten Menschen das Leben nicht besonders ernst, sofern es nicht ums Geldverdienen, um Machtstreben oder sexuelle Erregung geht. Sie wollen sich mit den anderen komplexen Angelegenheiten des Lebens nicht weiter beschäftigen. Daher sind ihre Kinder als Erwachsene genauso unreif und gespalten wie ihre Eltern. Sie stehen ständig im Konflikt mit sich selbst und mit der Welt.

Wir sagen so leicht dahin, dass wir unsere Kinder lieben. Aber ist da wirklich Liebe in unseren Herzen, wenn wir die existierenden sozialen Bedingungen einfach akzeptieren, wenn wir diese zerstörerische Gesellschaft nicht grundlegend zu ändern versuchen? Und solange wir die Erziehung unserer Kinder den Spezialisten überlassen, wird sich an dieser Verwirrung und dem Leid nichts ändern. Denn die Spezialisten kümmern sich um die Teile, nicht ums große Ganze, daher sind sie selbst gespalten.

Statt als eine der anerkanntesten und verantwortungsvollsten Tätigkeiten betrachtet zu werden, zählt Erziehung wenig. Die meisten Erziehenden folgen nur ihrer Routine. Die Überwindung der Spaltung und die Intelligenz gehören nicht wirklich zu ihren Erziehungszielen. Lieber schütten sie ihre Schüler mit Informationen zu. Wer aber nur Informationen vermittelt, während die Welt um ihn herum zusammenbricht, ist kein Erziehender.

Ein Erzieher hat nicht einfach nur die Aufgabe, Informationen weiterzugeben. Diese Person muss vielmehr den Weg zu Weisheit und Wahrheit aufzeigen. Die Wahrheit ist viel wichtiger als der Lehrende … Um eine neue Gesellschaft zu errichten, müssen wir alle zu wahren Erziehenden werden. Und das heißt, dass wir sowohl Lehrender als auch Schüler sind. Wir müssen uns selbst erziehen.

5

Freiheit von Konditionierung und Anpassung

Ein Kind ist ein Speicher von Einflüssen, nicht wahr? Es wird beeinflusst, nicht nur von Ihnen und mir, sondern von der ganzen Umgebung, der Schule, dem Klima, der Ernährung, den gelesenen Büchern. Ob seine Eltern nun Katholiken oder Kommunisten sind, das Kind wird geprägt und konditioniert. Das ist es, was Eltern und Lehrer auf je verschiedene Weise tun. Können wir uns dieser vielfältigen Einflüsse bewusst werden und dem Kind helfen, sie ebenfalls wahrzunehmen, damit es sich als Heranwachsender darin nicht verfängt? Am wichtigsten ist doch, dass wir dem heranwachsenden Kind helfen, nicht zum Christen, zum Hindu oder zum Australier konditioniert zu werden, sondern ein rundum intelligentes menschliches Wesen zu werden.

Das kann aber nur geschehen, wenn Sie als Lehrer oder Elternteil verstehen, dass es dazu von Anfang an Freiheit braucht.

Freiheit ist keineswegs die Frucht von Disziplin. Freiheit stellt sich nicht ein, nachdem man den Geist konditioniert hat oder während man das tut. Freiheit kann es nur geben, wenn Sie und ich uns der Einflüsse bewusst sind, die den Geist prägen, und dem Kind zu ebendiesem Bewusstsein verhelfen, damit es sich nicht in ihnen verstrickt. Doch die meisten Eltern und Lehrer gehen davon aus, dass das Kind sich an die Gesellschaft anpassen muss. Wie werden sie reagieren, wenn das Kind das nicht tut? Die meisten Menschen halten Anpassung für unentbehrlich. Wir akzeptieren die Vorstellung, dass ein Kind sich an die Zivilisation, die Kultur, die Gesellschaft anpassen muss, die sein Lebensumfeld bilden. Wir nehmen dies als selbstverständlich hin und unterstützen das Kind durch unsere Erziehung in diesem Anpassungsprozess.

Aber ist es wirklich erforderlich, dass das Kind sich an die Gesellschaft anpasst? Wenn Eltern oder Lehrer Freiheit für wesentlich halten, für das wahre Ziel, dann sind sie sich der Einflüsse bewusst, die den Geist prägen. Sie passen sich nicht an die Gesellschaft an, in der wir leben, mit all ihrer Gier, ihrer Korruption, ihrer Gewalt, ihren Dogmen und ihrer autoritären Einstellung. Solche Menschen werden eine ganz andere Form der Gesellschaft hervorbringen.

Wir sagen uns gern, dass es eines Tages eine utopische Gesellschaft geben wird. Das ist eine schöne Theorie, die aber Theorie bleibt. Ich fürchte, wir müssen die Erziehenden erziehen, wie Eltern das tun. Wenn wir uns nur darum kümmern, wie wir das

Kind konditionieren können, damit es in eine bestimmte Kultur oder in ein gesellschaftliches Muster passt, dann werden wir die Gegenwart mit ihrem andauernden Kampf zwischen uns selbst und anderen fortschreiben und damit auch unser gesamtes derzeitiges Elend.

KAPITEL 7

ELTERN, GESELLSCHAFT UND SIE

1

Was wollen Eltern wirklich?

Im Allgemeinen geht man davon aus, dass Eltern ihre Kinder auf die Erfordernisse der Gesellschaft vorbereitet und eingestellt sehen wollen. Sie wünschen sich, dass ihre Kinder sich generell und speziell im Denken an die Gesellschaft anpassen. Tatsächlich heißt das, sie wollen ihnen helfen, sich auf einen wie auch immer gearteten Beruf vorzubereiten, damit sie einmal ihren Lebensunterhalt verdienen können. Sie wollen ihre Kinder so erzogen sehen, dass sie Prüfungen bestehen, möglichst einen Universitätsabschluss machen und dann einen recht guten Job bekommen, eine sichere Stellung in der Gesellschaft. Das ist den meisten Eltern wichtig.

Was die komplexe Frage aufwirft, wie der kulturelle und soziale Hintergrund der Eltern und Erziehenden aussieht. Es bedeutet, dass wir herausfinden müssen, was die Gesellschaft ist und ob es bei der Erziehung um nichts weiter geht, als ein Kind so zu konditionieren, dass es der Gesellschaft nach einem vorgegebenen Muster dient. Andererseits müssen wir uns fragen, ob ein Kind, wenn es die Universität oder Ausbildung hinter sich hat, in Widerspruch zur Gesellschaft stehen sollte. Oder sollten die Kinder vielleicht fähig sein, eine ganz neue Gesellschaft zu schaffen? Was ist es, das wir uns als Eltern wünschen?

2

Der soziale Zweck der Erziehung

Kommentar: Eines wollen wir auf jeden Fall nicht: dass ein junger Mensch, der eine gute Erziehung an einer teuren Schule genossen hat, nun von der Gesellschaft allerhand Annehmlichkeiten einfordert. Solche Menschen geben einfach nichts zurück, und sie machen das Land ärmer.

Krishnamurti: Es geht also darum, wie die Erziehung den Schülern von klein auf zu mehr Reife verhelfen kann, damit sie später keine antisoziale Haltung entwickeln? Wenn wir sie so erziehen, dass sie nicht antisozial sind, wollen wir sie also so konditionieren, dass sie nicht aus dem vorgegebenen Muster ausbrechen. Solange sie sich anpassen und den gesellschaftlichen Mustern folgen, sind sie für uns ein sozialer Gewinn. In dem Augenblick aber, in dem sie das Muster ablehnen, nennen wir sie antisozial.

Ist es also die Funktion der Erziehung, den Schüler so zu formen, dass er in ein festgelegtes gesellschaftliches Muster passt? Oder sollte Erziehung nicht vielmehr helfen, dass das Kind die Gesellschaft versteht, mit all ihren schädlichen, zerstörerischen, spaltenden Einflüssen? Damit es den ganzen Prozess begreift und sich davon lösen kann? Diese Loslösung ist nicht antisozial. Ganz im Gegenteil, sich nicht an eine wie auch immer geartete Gesellschaft anzupassen, das ist wahres soziales Handeln.

3

Welcher Natur ist die Beziehung zwischen Eltern und Kind?

Wenn ich ein Elternteil bin, wie sieht die Beziehung zu meinem Kind aus? Zuerst müssen wir uns fragen, ob ich überhaupt eine Beziehung habe. Das Kind ist mein Sohn oder meine Tochter, aber besteht da tatsächlich eine Beziehung, ein Kontakt, eine Gemeinschaft, eine Verbundenheit zwischen mir und meinem Kind? Oder habe ich zu viel damit zu tun, Geld zu verdienen oder was auch immer, und schiebe ich es deshalb in die Schule ab? Dann habe ich keinen Kontakt, keine Verbundenheit mit dem Jungen oder Mädchen, ist es nicht so? Wenn ich zu den vielbeschäftigten Eltern gehöre, was auf die meisten Eltern zutrifft, und ich eigentlich nur will, dass mein Kind Anwalt, Ärztin oder Ingenieur wird, habe ich dann eine Beziehung zum Kind, abgesehen davon, dass ich es gezeugt habe?

Frage: Ich habe das Gefühl, dass ich eine Beziehung zu meinem Kind haben sollte. Und ich hoffe, eine herzustellen, auf die es sich verlassen kann. Wie gehe ich dabei vor?
Krishnamurti: Wir reden hier über die Beziehung der Eltern zu ihrem Kind. Wir fragen uns, ob eine solche tatsächlich besteht, obwohl wir das ja immer behaupten. Und wie sieht diese Beziehung aus? Sie haben das Kind gezeugt und Sie wollen, dass es die Universität erfolgreich absolviert, aber haben Sie darüber hinaus eine Beziehung zu diesem Kind? Ein wohlhabender Elternteil hat so sein Amüsement, seine Sorgen und meist keine Zeit fürs Kind. Er sieht es also nur gelegentlich, und wenn das Kind acht oder zehn Jahre alt ist, kommt es ins Internat, und das war es dann. Die gehobene Mittelschicht ist viel zu beschäftigt, um eine Beziehung zum Kind aufzubauen. Die Leute müssen ja jeden Tag ins Büro. Bei armen Menschen stellt sich die Beziehung über die Arbeit her, denn Kinder armer Familien müssen ebenfalls arbeiten.

4

Eltern, die lieben, ändern sich, damit ihre Kinder sich wandeln können

Finden wir also erst einmal heraus, was dieses Wort für unser Leben bedeutet: Wie sieht die Beziehung zwischen mir und der Gesellschaft aus? Schließlich besteht die Gesellschaft aus Beziehungen, oder? Und wenn ich tatsächlich tiefe Liebe für mein Kind empfinde, würde diese Liebe eine Revolution auslösen, denn ich würde nicht wollen, dass mein Kind in diese Gesellschaft passt. Ich würde nicht wollen, dass man ihm seine Initiative austreibt, dass Tradition, Angst und Korruption es in die Knie zwingen, damit es vor Höhergestellten katzbuckelt und auf alle, die unter ihm sind, eintritt. Ich würde dafür sorgen, dass diese sich zersetzende Gesellschaft an ein Ende kommt, dass Kriege und alle anderen Formen der Gewalt ein Ende finden. Wenn wir unsere Kinder lieben, heißt das doch, dass wir einen Weg finden müssen, sie so zu erziehen, dass sie sich nicht bloß reibungslos in die Gesellschaft einfügen.

Was also ist die Aufgabe von Erziehung? Geht es nicht faktisch darum, dass wir den Schülern helfen, ihre eigenen Impulse, Beweggründe, Triebe zu verstehen, die das Muster dieser zerstörerischen Gesellschaft bilden? Geht es nicht faktisch darum, dass wir den Schülern helfen, ihre eigene Konditionierung, ihre Begrenzungen zu verstehen und zu durchbrechen?

Kommentar: Ich glaube, zuerst muss das Kind verstehen, in welcher Gesellschaft es lebt. Sonst kann es sich doch nicht daraus lösen.

Krishnamurti: Die Kinder sind Teil der Gesellschaft. Sie sind jeden Tag mit ihr in Kontakt, sehen jeden Tag, wie kaputt sie ist. Wie also wollen Sie ihnen durch Erziehung zu verstehen helfen, welche Auswirkungen diese Gesellschaft hat und wie sie sich von diesen frei machen können, um eine andere Art sozialer Ordnung zu etablieren?

5

Eltern und Lehrer müssen erzogen werden

Kommentar: Ein normales Kind passt sich doch automatisch den Mustern der Gesellschaft an.
Krishnamurti: So etwas wie ein normales Kind gibt es nicht. Aber es gibt normale Lehrer, und die sind steif vor Angst. Daher müssen die Erziehenden erzogen werden. Sie müssen sich ebenfalls ändern und sich nicht bloß an die Gesellschaft anpassen.

6

Das Problem sind nicht die jungen Menschen

Die rechte Art der Erziehung beginnt mit dem Erziehenden, der sich selbst verstehen und von starren Denkmustern frei sein sollte. Denn er gibt weiter, was er ist. Wenn die Erziehenden nicht recht erzogen worden sind, was können sie dann lehren, abgesehen von dem schematischen Wissen, mit dem sie selbst gefüttert wurden? Das Problem ist also nicht das Kind, es sind vielmehr die Eltern und Lehrer. Das Problem ist, dass die Erziehenden erzogen werden müssen.

Wenn wir, die Erziehenden, uns selbst nicht verstehen oder unsere Beziehung zum Kind, wenn wir es nur mit Informationen vollstopfen, damit es seine Prüfungen besteht, wie können wir dann eine neue Art der Erziehung schaffen? Schließlich müssen wir den Schülern helfen und Anleitung geben. Wenn aber der Anleitende, der Helfer selbst verwirrt ist und eine enge, nationalistische, theorieverhaftete Sicht der Dinge hat, dann wird er ebensolche Schüler heranziehen. Dann wird Erziehung die Quelle weiterer Verwirrung und immer neuen Streits …

Daher sollten wir uns mehr um unsere eigene Neu-Erziehung kümmern, als uns über das künftige Wohl und die Sicherheit unserer Kinder Gedanken zu machen.

7

Bringt man uns bei, wie oder eher was wir denken sollen?

Den Erziehenden erziehen – sodass die Person sich selbst versteht – gehört zu den schwierigsten Unterfangen überhaupt, weil die meisten von uns innerhalb eines Denk- oder Verhaltenssystems versteinert sind. Wir versteifen uns auf eine Ideologie, eine Religion oder bestimmte Verhaltensregeln. Daher bringen wir unserem Kind bei, was es denken soll, aber nicht, wie.

Außerdem sind Eltern und Lehrer meist mit ihren eigenen Konflikten und Sorgen beschäftigt. Reich oder arm, die meisten Eltern sind in ihre persönlichen Ängste verstrickt. Sie kümmern sich nicht allzu viel um den herrschenden sozialen und moralischen Verfall, sondern wünschen sich nur, dass ihre Kinder alles Nötige bekommen, um in der Welt erfolgreich zu sein. Sie sorgen sich um die Zukunft ihrer Kinder und wünschen sich eine Erziehung, die ihnen eine sichere Stellung einträgt oder eine gute Ehe.

Anders als allgemein angenommen lieben die meisten Eltern ihre Kinder nicht, obwohl sie das immer wieder sagen. Wenn Eltern ihre Kinder wirklich lieben würden, dann würde man nicht Familie und Nation dem großen Ganzen vorziehen, denn das schafft nur soziale und rassistische Spannungen zwischen den Menschen und führt zu Kriegen und Hungersnöten. Es ist schon merkwürdig: Während Menschen, die Anwalt oder Arzt werden wollen, eine lange Ausbildung zu durchlaufen haben, kann jeder Vater oder Mutter werden, ohne auch nur die kleinste Schulung für diese so enorm wichtige Aufgabe.

Meist fördert die Familie mit ihrer Tendenz zur Abschottung die allgemeine Isolation und trägt dadurch zum Verfall in der Gesellschaft bei. Nur wo es Liebe und Verständnis gibt, werden die Mauern der Isolation eingerissen. Dann ist die Familie kein geschlossener Kreis mehr, kein Gefängnis und keine Zuflucht. Dann sind die Eltern tief verbunden, nicht nur mit ihren Kindern, sondern auch mit ihren Nachbarn.

Da sie ganz mit ihren eigenen Problemen beschäftigt sind, übertragen Eltern die Verantwortung für das Wohlergehen ihrer Kinder auf Lehrer. Aber auch da muss der Erziehende zur Erziehung der Eltern mit beitragen.

Der Erziehende muss mit ihnen reden, erklären, dass der chaotische Zustand der Welt Spiegelbild ihrer inneren Verwirrung ist. Er sollte darauf hinweisen, dass der wissenschaftliche Fortschritt keinen radikalen Wandel der bestehenden Werte bewirken wird. Die technische Ausbildung, die man heute als Erziehung bezeichnet, hat dem Menschen keine Freiheit gebracht oder ihn glücklicher gemacht. Der Erzieher muss den Eltern erklären, dass es die Intelligenz des Kindes nicht fördert, wenn es darauf konditioniert wird, sein Umfeld, so wie es gerade ist, einfach zu akzeptieren. Die Erziehende muss den Eltern sagen, was sie mit deren Kindern vorhat und wie sie das Ganze angehen will. Sie muss das Vertrauen der Eltern gewinnen, aber nicht, indem sie mit der Autorität einer Spezialistin auftritt, die unwissende Laien informiert. Nein, indem sie mit den Eltern über das Temperament des Kindes, seine Schwierigkeiten, Fähigkeiten und so weiter spricht.

Hat der Lehrende ein echtes Interesse am Kind als Individuum, dann werden die Eltern zu dieser Person Vertrauen fassen. In diesem Prozess erzieht die Lehrperson die Eltern und sich selbst, wenn sie im Gegenzug von ihnen lernt. Rechte Erziehung ist eine wechselseitige Aufgabe, die Geduld, Rücksicht und Zuneigung erfordert.

8

Lieben wir unsere Kinder denn wirklich?

Fragen sich Eltern je, warum sie Kinder haben? Haben sie Kinder, damit diese ihren Namen weitertragen und ihr Eigentum? Oder wollen sie Kinder zum Vergnügen, um ihre eigenen emotionalen Bedürfnisse zu befriedigen? Wenn ja, dann werden die Kinder auf diesem Wege Projektionsflächen für die Wünsche und Ängste ihrer Eltern.

Können Eltern behaupten, ihre Kinder zu lieben, wenn sie durch eine falsche Erziehung Neid, Feindseligkeit und Ehrgeiz in ihnen fördern? Ist es Liebe, die die nationalen und rassistischen Feindseligkeiten zwischen den Menschen schafft, die am Ende zu Krieg, Zerstörung und Elend führen, wenn Mensch gegen Mensch kämpft im Namen der Religion oder anderer Ideologien?

Viele Eltern vermitteln ihren Kindern Konflikte und Sorgen – nicht nur, indem sie sie falsch erziehen, sondern auch, weil sie ihr eigenes Leben nicht richtig führen. Wenn die Kinder dann groß werden und leiden, beten die Eltern für sie oder erfinden irgendwelche Ausreden für ihr Verhalten. Das Leiden der Eltern um ihrer Kinder willen ist eine Form besitzergreifenden Selbstmitleids, das sich nur einstellt, wenn keine Liebe vorhanden ist.

Wenn Eltern ihre Kinder lieben, sind sie nicht nationalistisch. Sie identifizieren sich nicht mit einem Land. Denn die Anbetung des Staates zieht Kriege nach sich, die ihre Kinder verletzen und töten können. Wenn die Eltern aber ihre Kinder lieben, werden sie ihnen zeigen, wie man sinnvoll mit Besitz umgeht. Denn der besitzergreifende Instinkt hat dem Eigentum eine gewaltige und falsche Bedeutung zugemessen, die die Welt zerstört. Wenn Eltern ihre Kinder lieben, schließen sie sich keiner organisierten Religion an, denn Dogmen und Überzeugungen teilen die Menschen in rivalisierende Gruppen ein. Sie schaffen Konflikte zwischen den Menschen. Wenn Eltern ihre Kinder lieben, werden sie auf Neid und Zwistigkeiten verzichten und stattdessen die Struktur der heutigen Gesellschaft grundlegend verändern.

9

Wie man in Eltern und Kindern Intelligenz erweckt

Wir sollten uns jedenfalls nicht gedankenlos an jene Muster anpassen, in die wir hineingeboren wurden. Wie kann es je Harmonie auf der individuellen und gesellschaftlichen Ebene geben, wenn wir uns selbst nicht verstehen? Wenn die Erziehenden sich selbst nicht begreifen, wenn sie ihre konditionierten Reaktionen nicht erkennen und anfangen, sich von ihren Wertvorstellungen freizumachen, wie sollen sie dann die Intelligenz der Kinder wecken? Und wenn sie die Intelligenz der Kinder nicht wachrufen können, welche Aufgabe hätten sie dann noch?

Nur wenn wir verstehen, wie wir selbst denken und fühlen, können wir Kindern helfen, zu freien Menschen zu werden. Nimmt der Erziehende diese Aufgabe wichtig, dann wird er oder sie Gewahrsein besitzen, und zwar nicht nur, was das Kind angeht, sondern auch im Hinblick auf sich selbst.

KAPITEL 8

DIE BEZIEHUNG ZU UNS SELBST

1

Wonach suchen Sie?

Mir scheint es sehr wichtig, sich klarzumachen, wonach wir suchen. Das ist keine rhetorische Frage, sondern eine, die jeder von uns sich unweigerlich selbst stellen muss. Je reifer, intelligenter und wacher wir sind, desto größer und dringlicher ist das Verlangen, herauszufinden, was wir wollen. Bedauerlicherweise stellen die meisten sich diese Frage nur oberflächlich. Und wenn wir eine oberflächliche Antwort finden, sind wir damit zufrieden. Aber wenn Sie sich eingehender mit dieser Frage beschäftigen, werden Sie feststellen, dass der Geist nur eine Form der Befriedigung sucht, eine angenehme Erfahrung, die ihm Vergnügen verschafft. Sobald er Zuflucht in irgendeiner Meinung oder Schlussfolgerung gefunden hat, bleibt er dabei stehen, und die Suche endet. Wenn wir dann immer noch unzufrieden sind, ziehen wir von einer Philosophie zur nächsten weiter, von einem Dogma zu einem anderen, von einer Kirche, einer Sekte, einer Schrift zur anderen, um dort dauerhaft Sicherheit zu finden, ob nun innerlich oder äußerlich. Ein beständiges Glück, einen steten Frieden.

2

Begreifen Sie den Geist, das Selbst, das sich auf die Suche macht

Bevor wir zu suchen beginnen, wäre es da nicht angeraten, den Prozess des Geistes selbst zu verstehen? Denn was wir jetzt suchen, liegt doch eigentlich auf der Hand … Sich selbst zu verstehen setzt eine enorme Geduld voraus, weil das Selbst ein hochkomplexer Prozess ist. Und wenn wir uns selbst nicht verstehen, hat das, was wir suchen, wenig Bedeutung. Wenn wir unsere – bewussten und unbewussten – Triebe und Impulse nicht verstehen, lösen sie Handlungen aus, die in uns Konflikte hervorrufen. Und natürlich versuchen wir, diesen Konflikten zu entkommen oder ihnen aus dem Weg zu gehen. Solange wir den Prozess unseres

Selbst nicht verstehen, unseres eigenen Denkens, wird unsere Suche immer oberflächlich, engstirnig und kleinlich bleiben.

3

Selbsterkenntnis ist der Weg zur Freiheit

Wenn wir also wirklich eine andere Welt erschaffen wollen, eine andere Beziehung zwischen den Menschen, eine andere Haltung zum Leben, dann ist es von äußerster Wichtigkeit, dass wir zuerst uns selbst verstehen, nicht wahr? Das heißt nicht, dass wir uns nur auf uns selbst konzentrieren sollen, denn das führt nur zu noch mehr Elend. Was ich hier meine ist: Ohne Selbsterkenntnis, ohne sich selbst bis in die Tiefe zu kennen, ist alles Erforschen und Denken, alles Schlussfolgern und Meinen, sind alle Werte bedeutungslos. Die meisten von uns sind konditioniert: als Christen, als Muslime oder was immer Sie wollen. Und innerhalb dieses engen Bereiches siedeln wir unser Sein an. Unser Geist wird von der Gesellschaft konditioniert, von der Erziehung, von unserer Kultur. Ohne diesen Prozess der Konditionierung vollständig zu begreifen, kann unsere Suche, unser Wissen, unser Forschen nur zu mehr Leid, zu größerem Elend führen. Und genau das geschieht im Moment.

Selbsterkenntnis funktioniert nicht nach Schema F. Sie können zu einem Psychologen gehen oder zu einer Psychoanalytikerin. Aber das ist keine Selbsterkenntnis. Selbsterkenntnis stellt sich ein, wenn wir uns in Beziehungen unser selbst bewusst sind, denn das zeigt uns, wer wir in jedem einzelnen Augenblick sind.

4

Beziehungen und Isolation

Ich habe gesagt, dass man sich selbst nur in Beziehungen entdecken kann. So ist es doch, oder? Sie können nicht erkennen, wer Sie tatsächlich sind, außer in Beziehungen. Wut, Eifersucht, Neid, Lust – all diese Reaktionen zeigen sich nur in Beziehung zu Menschen, Dingen und Vorstellungen. Wenn es keine Beziehung gibt, wenn man völlig isoliert ist, kann man sich nicht selbst erkennen. Der Geist kann sich abschotten, weil er denkt, er sei jemand. Aber das ist nur ein Zustand der Illusion, des fehlenden Gleichgewichts, und in diesem Zustand kann er sich selbst nicht entdecken. Er hat nur Vorstellungen von sich selbst, wie der Idealist, der sich abkoppelt von dem, was er ist, indem er dem nachläuft, was er sein sollte. Das tun die meisten von uns. Da Beziehungen schmerzhaft sind, wollen wir uns von diesem Schmerz abkoppeln, und in diesem Isolationsprozess schaffen wir uns ein Ideal davon, wer wir sein sollten. Aber das ist reine Einbildung, eine Erfindung des Geistes. Wir können also nur in Beziehungen erkennen, wer wir bewusst und unbewusst wirklich sind. Das ist doch eigentlich klar.

Ich hoffe, Sie sind an diesen Dingen wirklich interessiert, denn das ist etwas, was wir täglich tun. Es ist unser Leben, und wenn wir es nicht begreifen, dann wird es keinerlei Bedeutung haben, nur von Vortrag zu Vortrag zu gehen und sich Wissen aus Büchern anzulesen.

5

Gibt es ohne Beziehungen ein Selbst?

Der zweite Teil der Frage lautet: »Ist das Selbst eine isolierte Realität oder gibt es ohne Beziehungen überhaupt kein Selbst?« Anders ausgedrückt: Existiere ich nur in Beziehungen oder existiere ich als isolierte Wirklichkeit jenseits von Beziehungen? Ich glaube, die meisten von uns würden Letzteres vorziehen, weil Beziehungen schmerzhaft sind. Selbst in einer erfüllten Beziehung gibt es Angst und Spannungen. Da er dies weiß, versucht der Geist, sich abzuschotten mit seinen Göttern, seinem höheren Selbst und so weiter. Doch die eigentliche Natur des Selbst, das »Ich«, ist ein Prozess der Isolation, oder etwa nicht? Das Selbst und seine Sorgen – meine Familie, mein Besitz, meine Liebe, mein Begehren – sind ein Prozess der Abschottung, und dieser Prozess ist insofern real, als er ja tatsächlich stattfindet. Kann ein so in sich selbst verschlossener Geist überhaupt etwas finden, was jenseits seiner selbst liegt? Offensichtlich nicht. Er kann seine Grenzen hinausschieben, seine Mauern. Er kann seinen Bereich vergrößern, aber er ist immer noch das »Ich«-Bewusstsein.

6

Konflikte und Schmerz halten das »Ich« am Leben

Wann aber wissen Sie, dass Sie in Beziehung stehen? Ist Ihnen die Beziehung bewusst, wenn vollkommene Eintracht herrscht, wenn Liebe vorhanden ist? Oder stellt sich dieses Bewusstsein nur ein, wenn es Spannungen und Konflikte gibt, wenn Sie etwas verlangen, wenn es zu Frustration, Angst und Konkurrenz zwischen dem »Ich« und dem anderen kommt, der mit dem »Ich« in Beziehung steht? Gibt es das Selbstgefühl in Beziehungen auch, wenn Sie keinen Schmerz erleben? Sehen wir uns doch einmal die vereinfachte Version an.

Wissen Sie, dass Sie existieren, auch wenn Sie keinen Schmerz erfahren? Zum Beispiel wenn Sie einen Moment lang glücklich sind. Sind Sie sich Ihres Glücks exakt in jenem Moment bewusst, in dem Sie glücklich sind? Das passiert doch sicher erst in den Sekundenbruchteilen danach. Und ist es dem Geist nicht möglich, frei von allen das Selbst abgrenzenden Forderungen und Bestrebungen zu sein, damit es kein Selbst gibt? Dann können Beziehungen nämlich eine ganz andere Bedeutung annehmen. Im Moment werden Beziehungen genutzt als Weg zur Sicherheit, zur Selbstfortschreibung, Selbstaufblähung, Selbstverherrlichung. All diese Qualitäten machen das Selbst aus, und wenn sie an ein Ende kommen, dann stellt sich ein anderer Zustand ein, in dem Beziehungen eine vollkommen andere Bedeutung annehmen. Heute beruhen die meisten Beziehungen auf Neid, denn der Neid ist das Fundament unserer gegenwärtigen Kultur. Und daher sind unsere Beziehungen zueinander – die die Gesellschaft ausmachen – geprägt von Konkurrenz, Gewalt und einem endlosen Kampf. Aber wenn es keinen Neid gibt, weder bewusst noch unbewusst, weder oberflächlich noch tief verwurzelt, wenn aller Neid vergangen ist, sind dann unsere Beziehungen nicht vollkommen anders geworden?

7

Gibt es einen Geisteszustand, der nicht am Selbst hängt?

Gibt es also einen Geisteszustand, der nicht an die Idee vom Selbst gebunden ist? Bitte, das ist keine Theorie, keine Philosophie, die es zu praktizieren gilt. Wenn Sie wirklich auf das hören, was gesagt wird, dann werden Sie die Wahrheit des Gesagten persönlich erleben.

8

Selbsterkenntnis ist das Mittel, um psychische, soziale und wirtschaftliche Probleme anzupacken

Mir scheint, dass es keine vorgefertigte Antwort braucht, um ein Problem zu verstehen. Es ist keine Lösung nötig, sondern eine direkte Anschauung des Problems selbst – was bedeutet, dass wir uns diesem nähern ohne den Wunsch, eine Antwort zu finden, wenn man das so sagen kann. Dann haben Sie eine direkte Beziehung zu dem Problem hergestellt. Sie sind das Problem. Das Problem ist nicht länger von Ihnen getrennt. Und ich denke, das ist das Erste, was wir begreifen müssen – dass das Problem der Existenz mit all ihren Komplexitäten von uns nicht verschieden ist. Wir sind das Problem, und solange wir das Problem als etwas von uns Verschiedenes betrachten, muss unser Ansatz notgedrungen scheitern. Können wir hingegen das Problem als das unsere ansehen, als einen Teil unser selbst, der von uns nicht getrennt ist, dann sind wir vielleicht in der Lage, seine eigentliche Bedeutung zu verstehen – seine Essenz, die darin besteht, dass das Problem existiert, weil es keine Selbsterkenntnis gibt. Wenn ich mich selbst nicht verstehe, in all meiner Komplexität, dann habe ich keine Grundlage für mein Denken. Und dieses »ich selbst« existiert nicht nur auf einer Ebene, sondern auf allen, auf die ich mein Denken gerade richte. Solange ich mich selbst nicht verstehe, solange ich mein Wesen nicht vollkommen begreife – bewusst ebenso wie unbewusst, oberflächlich ebenso wie tiefgründig –, habe ich kein Mittel an der Hand, um das Problem anzugehen, ob es sich nun um ein wirtschaftliches, soziales, psychisches oder anderweitiges Problem handelt.

9

Das Selbst ist bei uns allen gleich: Wenn Sie Ihr Selbst verstehen, verstehen Sie die Probleme der Welt

Selbsterkenntnis ist der Beginn für unser Verständnis eines Problems. Überzeugungen, Ideen, Wissen haben ohne Selbsterkenntnis keine Bedeutung. Ohne Selbsterkenntnis führen sie nur zu Illusionen, zu allen möglichen Schwierigkeiten und Dummheiten, in die wir uns gern unmerklich flüchten – und das tun die meisten von uns. Daher schließen wir uns der Gesellschaft an, bestimmten Gruppen, exklusiven Organisationen und geheimen Vereinigungen. Ist es nicht das Wesen der Dummheit, nach Exklusivität zu streben? Je dümmer man ist, desto exklusiver wird man, ob nun in religiösen oder sozialen Dingen. Und jede dieser Exklusivitäten schafft sich ihre eigenen Probleme.

Mir will scheinen, dass unsere Schwierigkeiten, die vielen subtilen wie offensichtlichen Probleme zu verstehen, mit denen wir konfrontiert sind, daraus erwachsen, dass wir uns selbst nicht kennen. Wir sind es, die das Problem schaffen, wir, die wir Teil unserer Umwelt sind – aber wir sind auch so viel mehr, was wir entdecken werden, wenn wir uns selbst kennenlernen.

10

Wir suchen dauerhafte Sicherheit

Viele von uns streben nach einer Form von Sicherheit, weil unser Leben vom Augenblick der Geburt bis zu unserem Tod eine endlose Abfolge von Konflikten ist. Die alltägliche Langeweile und die Spannungen; das Verzweifeln an der Existenz; das Gefühl, sich Liebe zu wünschen, aber nicht geliebt zu werden; das Seichte, Kleinliche, Mühsame der täglichen Existenz – das ist unser Leben. Dieses Leben ist gefährlich, voller Unruhe. Nichts ist sicher. Das Morgen ist ungewiss. Daher streben Sie, bewusst oder unbewusst, ständig nach Sicherheit. Sie wollen etwas Dauerhaftes, zuerst auf der psychischen Ebene, dann auf der äußeren – das Bestreben ist immer zuerst psychisch, nicht äußerlich. Sie wollen einen dauerhaften Zustand, in dem Sie nicht gestört werden durch Ängste, Spannungen, Ungewissheit, Schuldgefühle. Das wollen die meisten von uns. Das ist es, was die meisten Menschen innerlich wie äußerlich suchen.

Im Außen wollen wir gute Jobs. Wir werden durch eine technische Erziehung darauf trainiert, rein mechanisch auf eine bürokratische oder anderweitige Weise zu funktionieren. Im Inneren wünschen wir uns Frieden, ein Gefühl der Gewissheit und der Dauerhaftigkeit. In all unseren Beziehungen und Handlungen, seien sie nun richtig oder falsch, streben wir nur nach Sicherheit.

11

Kann es so etwas wie Sicherheit geben?

Zuerst müssen wir uns fragen, ob es in unseren Beziehungen, Neigungen und Denkweisen so etwas wie innere Sicherheit gibt. Gibt es eine letztendliche Wirklichkeit, die jeder Mensch wünscht, erhofft und auf die er seinen Glauben ausrichtet? Denn in dem Augenblick, in dem Sie sich Sicherheit wünschen, werden Sie sich einen Gott ausmalen, eine Idee, ein Ideal, die Ihnen das Gefühl der Sicherheit geben. Aber das ist möglicherweise gar nicht real – sondern nur eine Idee, eine Reaktion, der Widerstand gegen die offensichtliche Tatsache der Ungewissheit. Wir müssen uns also fragen, ob es auf irgendeiner Ebene unseres Lebens Sicherheit geben kann. Zuerst im Inneren, denn wenn es keine äußere Sicherheit gibt, dann wird unsere Beziehung zur Welt eine andere sein. Dann werden wir uns nicht mehr mit irgendwelchen Gruppierungen, Nationen oder selbst Familien identifizieren.

Stellen Sie sich also die Frage, ob es Sicherheit gibt oder nicht, dann wird das Problem sehr komplex, solange Sie die Frage nicht direkt verstehen, ohne auf all ihre Nebenaspekte zu schauen. Denn es ist der Wunsch nach Sicherheit, wo es vielleicht keine Sicherheit gibt, der den Konflikt hervorruft. Wenn Sie seelisch die Wahrheit erkennen, dass es keine wie auch immer geartete Sicherheit gibt, auf welcher Ebene auch immer, dann ist da auch kein Konflikt. Dann sind Sie kreativ und vulkangleich in Ihrem Handeln, explosiv in Ihren Ideen. Sie sind an nichts gebunden. Dann leben Sie. Und ein konfliktbeladener Geist kann natürlich nicht mit Klarheit leben, mit einem enormen Gefühl von Zuneigung und Sympathie. Um zu lieben, brauchen Sie einen Geist, der außergewöhnlich sensibel ist. Aber Sie können nicht sensibel sein, wenn Sie ständig Angst haben, angespannt sind oder besorgt und unsicher, was zum Streben nach Sicherheit führt. Und ein konfliktbeladener Geist nutzt sich ab wie jede Maschine, die Reibungen ausgesetzt ist. Sie wird träge, stumpf, gelangweilt.

Also ist die erste Frage doch, ob es so etwas wie Sicherheit gibt. Das müssen Sie herausfinden, nicht ich. Ich sage, dass es keine Sicherheit gibt, ob nun psychisch oder auf einer anderen Ebene, einem anderen Niveau.

***

Gibt es Sicherheit? Gibt es Dauerhaftigkeit, wie sie der Mensch ständig anstrebt? Wie Sie für sich selbst feststellen können, wandelt sich zum Beispiel Ihr Körper. Die Zellen Ihres Körpers verändern sich ständig. Wie Sie an Ihrer Beziehung zu Ihrem Partner, Ihren Kindern, Ihren Nachbarn, Ihrem Staat, Ihrer Gemeinde sehen können: Gibt es da wirklich etwas Beständiges? Sie hätten gern Dauerhaftigkeit. Die Beziehung zu Ihrer Frau – die Sie Ehe nennen und an deren gesetzliche Form Sie sich klammern. Aber ist diese Beziehung wirklich beständig? Denn wenn Sie Dauerhaftigkeit auf Ihre Frau oder Ihren Mann projizieren, dann sind Sie verloren, sobald Ihr Partner sich abwendet, jemand anderen ansieht, krank wird oder stirbt …

***

Der tatsächliche Zustand jedes menschlichen Wesens ist Ungewissheit. Wer diesen tatsächlichen Zustand der Ungewissheit erkennt, kann entweder mit dieser Tatsache leben, oder er dreht durch und wird neurotisch, weil er damit nicht fertig wird. Diese Menschen können nicht mit etwas leben, das eine ausgesprochene Flexibilität in Geist und Herz voraussetzt. Sie werden also Mönch oder Nonne oder suchen sich andere fantastische Fluchtwege. Sie sollten also die Tatsachen sehen und sich nicht in gute Werke, rechtes Handeln, Kirchgang oder Gespräche flüchten. Diese Tatsachen fordern unsere vollständige Aufmerksamkeit. Tatsache ist, dass jeder von uns unsicher ist. Es gibt nichts wirklich Sicheres.

12

Begreifen Sie dieses Problem vollumfänglich

Für die meisten von uns ist das Leben leer. Da wir leer sind, versuchen wir, diese Leere mit allem Möglichen aufzufüllen. Aber wenn Sie die Frage nach Sicherheit oder Unsicherheit wirklich verstehen, dann werden Sie, während Sie tiefer und tiefer graben – und ich verwende das Wort »tiefer« hier im Sinne von

»nicht vergleichend« –, herausfinden, dass das alles keine Frage der Zeit ist. Dann haben Sie das Problem von Sicherheit und Konflikt wirklich verstanden. Dann werden Sie für sich selbst einen Zustand finden (finden, nicht daran glauben), in dem die vollkommene Existenz, das vollkommene Sein möglich ist. Einen Zustand, in dem es keine Furcht gibt, keine Anspannung, keinen Druck, zu gehorchen, keinen Zwang. Einen vollkommenen Seinszustand. Ein Licht, das nicht sucht, das keine Bewegung über sich hinaus kennt.

TEIL II

DIE GESELLSCHAFT UND IHRE BEZIEHUNGEN

KAPITEL 9

DIE GESELLSCHAFT UND SIE

1

Wer ist die Gesellschaft?

Um die ganze Bedeutung des Lebens zu erfassen, müssen wir die alltäglichen Irrungen und Wirrungen unseres komplexen Daseins verstehen. Wir können ihnen nämlich nicht entkommen. Die Gesellschaft, in der wir leben, sollte jeder von uns verstehen – nicht durch Erklärungen von Philosophen, Lehrern und Gurus –, damit unsere Lebensart sich vollkommen verändern kann. Ich glaube, das ist das Wichtigste, was wir tun sollten, mehr als alles andere. Es liegt eine tiefe Schönheit in diesem Wandlungsprozess, in dem Prozess, in dem Sie ohne jeden Kuhhandel eine Veränderung in Ihrem Leben bewirken. In dieser Veränderung werden wir das große Geheimnis entdecken, das jeder Geist sucht. Daher müssen wir uns nicht nur mit dem auseinandersetzen, was über das Leben hinausgeht oder was das Leben oder sein Sinn ist. Wir sollten uns vielmehr mit der Einsicht in das komplexe Sein des täglichen Lebens beschäftigen, denn das ist die Grundlage, auf die wir bauen müssen. Und ohne Verständnis dafür, ohne einen radikalen Wandel diesbezüglich wird unsere Gesellschaft immer in einem Zustand des Verfalls bleiben, und das gilt auch für uns selbst.

Wir sind die Gesellschaft. Wir sind nicht unabhängig von ihr. Wir sind das Resultat unserer Umwelt – unserer Religion und Erziehung, unseres Klimas und unserer Ernährung, unserer Reaktionen und der unzähligen wiederholten Aktivitäten, die wir jeden Tag verrichten. Das ist unser Leben. Und die Gesellschaft, in der wir leben, ist Teil dieses Lebens. Die Gesellschaft besteht aus den Beziehungen zwischen den Menschen. Gesellschaft heißt Kooperation. Die Gesellschaft, wie sie ist, ist das Ergebnis von menschlicher Gier, Feindschaft, Ruhmsucht, Konkurrenz, Brutalität, Grausamkeit und Rücksichtslosigkeit – und wir leben in diesem Muster. Um es zu verstehen – und zwar nicht nur intellektuell oder theoretisch, sondern wirklich –, müssen wir mit dieser Tatsache direkt in Kontakt kommen: dass nämlich der Mensch – das heißt Sie – das Resultat dieser sozialen Umwelt ist mit ihrem ökonomischen Druck, ihrer religiösen Erziehung und so weiter. Mit etwas direkt in Kontakt zu kommen, heißt nicht, es zu verbalisieren, sondern es gründlich anzusehen.

2
Sie sind die Gesellschaft

Was Sie sind, ist die Welt. Ihr Problem ist also das Problem der Welt. Das ist doch eine ganz einfache und grundlegende Tatsache, oder etwa nicht? In unserer Beziehung zum einen oder zu den vielen scheinen wir diesen Punkt immer zu übersehen. Wir streben nach Veränderung durch ein System oder eine Revolution, die Ideen oder Werte betreffen, und vergessen dabei, dass Sie und ich es sind, die die Gesellschaft bilden, die Verwirrung oder Ordnung stiften durch die Art, wie wir leben. Wir müssen also in unserer unmittelbaren Umgebung anfangen. Wir müssen uns mit unserem alltäglichen Dasein beschäftigen, mit unseren täglichen Gedanken, Gefühlen und Aktivitäten, die sich darin äußern, wie wir unseren Lebensunterhalt verdienen und welche Beziehung wir zu Ideen oder Überzeugungen eingehen. Das ist unser tägliches Dasein. Wir müssen uns um unseren Lebensunterhalt kümmern, um den Job, ums Geldverdienen. Wir beschäftigen uns mit der Beziehung zur Familie oder zu den Nachbarn, zu Ideen und Überzeugungen. Wenn Sie also unsere Aktivitäten prüfen, werden Sie merken, dass sie auf Neid beruhen. Es geht nicht nur darum, seinen Lebensunterhalt zu verdienen. Die Gesellschaft ist so aufgebaut, dass sie einen Prozess ständiger Konflikte, ständigen Werdens darstellt. Die Gesellschaft beruht auf Gier, auf Neid – Neid auf die Höherstehenden. Der Büroangestellte möchte unbedingt Manager werden, was zeigt, dass es ihm nicht nur um den Lebensunterhalt geht, um die Mittel zum Leben, sondern um Stellung und Prestige. Diese Haltung in Beziehungen schadet natürlich der Gesellschaft, aber selbst wenn Sie und ich uns nur um den Lebensunterhalt kümmern würden, so hieße das immer noch, dass wir die rechten Mittel finden müssen, um ihn zu verdienen. Mittel, die nicht auf Neid beruhen. Neid ist einer der zerstörerischsten Faktoren in Beziehungen, weil Neid auf den Wunsch nach Macht und Stellung hinweist. Letztlich führt er mitten hinein in die Politik. Beides ist eng miteinander verbunden. Der Büroangestellte, der Manager werden möchte, ist ein Faktor für das Entstehen von Machtpolitik, die zu Kriegen führt. Er ist also direkt für den Krieg verantwortlich.

3

Die Gesellschaft ist die Summe all unserer Beziehungen

Der Prozess des Individuellen ist der Welt, der Menge – oder welchen Begriff Sie auch verwenden mögen – keineswegs entgegengesetzt. Es gibt keine Masse beziehungsweise Menge jenseits von Ihnen – Sie sind die Menge.

4
Wie lehnt sich die Intelligenz auf?

Wie Sie wissen, lehnen sich junge Leute in aller Welt gegen die herrschende Ordnung auf – eine Ordnung, die die Welt zu einem hässlichen, monströsen und chaotischen Ort gemacht hat. Es gab viele Kriege, und heute bewerben sich Tausende Menschen auf jede Stelle. Die Gesellschaft wurde von der vorhergehenden Generation aufgebaut, mit all ihrem Ehrgeiz, ihrer Gier, ihrer Gewalt und ihren Ideologien. Die Menschen, vor allem junge Menschen, lehnen sämtliche Ideologien ab. Vielleicht nicht in diesem Land, denn wir sind nicht weit genug vorangekommen, wir sind nicht zivilisiert genug, um jede Autorität, jede Ideologie abzulehnen. Aber indem sie alle Ideologien ablehnen, schaffen sie eine eigene Ideologie: lange Haare und alles, was dazugehört.

Die bloße Auflehnung ist also keine Antwort auf das Problem. Die Antwort ist, Ordnung in sich selbst zu schaffen, eine lebendige Ordnung anstelle von Routine. Routine ist tödlich. Sobald Sie mit Ihrer Ausbildung fertig sind, gehen Sie ins Büro, sofern Sie einen Job bekommen. Dann gehen Sie die nächsten 40 oder 50 Jahre jeden Tag dorthin. Wissen Sie, was mit solch einem Geist passiert? Sie haben eine Routine errichtet und wiederholen Sie Tag für Tag. Dann ermutigen Sie Ihr Kind, diese Routine Tag für Tag zu wiederholen. Jeder lebendige Mensch muss dagegen revoltieren. Aber Sie werden sagen: »Ich trage schließlich Verantwortung. In meiner Lage kann ich nicht einfach alles hinschmeißen, auch wenn ich das gern machen würde.« Und so dreht sich die Welt immer weiter, in endloser Wiederholung der

Monotonie, der Langeweile des Lebens, seiner völligen Leere. Gegen all das lehnt die Intelligenz sich auf.

5

Die Schaffung einer neuen Gesellschaft

Es braucht also eine neue Ordnung, eine neue Art zu leben. Um diese neue Ordnung zu schaffen, eine neue Art zu leben, müssen wir zuerst die Unordnung verstehen. Denn das Positive lässt sich nur durch Negation begreifen, nicht durch das Streben nach dem Positiven. Verstehen Sie? Wenn Sie sich dem Negativen verweigern, es beiseiteschieben; wenn Sie die ganze soziologische und innere Unordnung verstehen, die die Menschen geschaffen haben; wenn Sie begreifen, dass der Mensch Unordnung schafft, solange er ehrgeizig, gierig, neidisch, konkurrenzorientiert, geltungsbedürftig und machthungrig ist. Wenn Sie nun die Struktur dieser Unordnung verstehen – dann entsteht allein schon aus dieser Einsicht Disziplin – eine Disziplin, die nicht auf Unterdrückung und Nachahmung beruht. Verweigert man sich dem Negativen, so entsteht die rechte Disziplin, die Ordnung ist.

6

Einem anderen blind zu folgen macht Sie kaputt

Dann ist da die sogenannte Autorität spiritueller Lehrer … Die hauptsächliche Ursache für Unordnung ist es, wenn wir eine

Wirklichkeit anstreben, die uns ein anderer verspricht. Da die meisten Menschen in Verwirrung und Unruhe leben, würden wir gerne mechanisch jemandem folgen, der uns ein bequemes spirituelles Leben verspricht. Es ist schon höchst merkwürdig, dass wir in politischer Hinsicht absolut gegen Tyrannei und Diktatur sind. Je liberaler, je zivilisierter, je freier die Menschen sind, desto größeren Abscheu empfinden sie gegenüber politischer oder ökonomischer Tyrannei. Im Inneren aber akzeptieren sie Autorität und Tyrannei von anderen Menschen. Wir verbiegen unseren Geist, unser Denken und unser Leben, um uns an ein bestimmtes Muster anzupassen, das jemand anderes uns als den wahren Weg zur Wirklichkeit beschreibt. Wenn wir das tun, zerstören wir jede Klarheit, denn auf Klarheit oder Licht müssen wir selbst stoßen, nicht durch andere Menschen, nicht durch Bücher oder Heilige.

Man kann äußere Autorität nicht ablehnen. Sie ist nötig. Nötig für jede zivilisierte Gesellschaft. Wir aber reden hier von der Autorität des Anderen, den hier Sprechenden eingeschlossen. Ordnung kann es nur geben, wenn wir begreifen, dass jeder von uns Unordnung schafft, weil wir Teil der Gesellschaft sind. Wir haben die Struktur dieser Gesellschaft geschaffen, und in diese Gesellschaft sind wir verstrickt. Wir als menschliche Wesen, die tierische Instinkte ererbt haben, müssen als Menschen Licht und Ordnung finden. Und wir können jenes Licht, jene Ordnung, jene Einsicht nicht durch andere erlangen, egal durch wen. Denn die Erfahrungen eines anderen Menschen könnten falsch sein. Alle Erfahrungen müssen infrage gestellt werden, ob Ihre eigenen oder die eines anderen Menschen.

7

Lehnen Sie sogar Ihre eigene Konditionierung als Autorität ab

Man muss also für sich selbst herausfinden, warum man diese Tyrannei der Autorität befolgt und akzeptiert – die Autorität der Priester, die des gedruckten Wortes, der Bibel, der heiligen Schriften Indiens und was es da sonst noch gibt. Kann man die Autorität der Gesellschaft vollkommen ablehnen? Ich meine hiermit nicht die Art von Ablehnung, wie sie die Beatniks in aller Welt aufbrachten. Das ist nur eine Reaktion. Aber kann man wirklich sehen, dass diese äußerliche Anpassung an ein Muster sinnlos ist und zerstörerisch für den Geist, der herausfinden möchte, was wahr und real ist? Und wenn jemand äußere Autoritäten ablehnt, kann er auch die innere Autorität ablehnen, die Autorität der Erfahrung? Kann jemand die Erfahrung beiseiteschieben? Für die meisten von uns ist Erfahrung die Anleitung durch Wissen. Wir sagen: »Ich weiß das aus eigener Erfahrung.« Oder: »Die Erfahrung sagt mir, dass ich das tun sollte.« Und so wird Erfahrung zu unserer inneren Autorität. Und vielleicht ist diese viel zerstörerischer, viel schlimmer als jede äußere Autorität. Es ist die Autorität unserer Konditionierung, die zu jeglicher Form von Illusion führt …

Kann der Geist also die Konditionierung von Jahrhunderten einfach wegwischen? Schließlich gehört Konditionierung zur Vergangenheit. Die Reaktionen, das Wissen, die Überzeugungen, die Traditionen von vielen Tausend »Gestern«, die unseren Geist geformt haben. Kann all das einfach weggewischt werden?

Sie sehen: Konditionierung ist die eigentliche Wurzel der Angst. Und wo Angst herrscht, gibt es keine Tugend.

8

Psychische Sicherheit ist ein Mythos

Ich werde mich nicht ausgiebig mit dem Unbewussten beschäftigen, sondern es eher kurz abhandeln. Das Unbewusste ist die Vergangenheit vieler Tausend Jahre. Das Unbewusste ist das Überbleibsel von ethnischer Herkunft, Familie und kollektivem Wissen. Das Unbewusste ist die gesamte Tradition, die Sie bewusst verleugnen mögen, die aber trotzdem da ist. Und sie wird zu unserer Autorität, wenn es Ärger gibt. Dann sagt das Unbewusste: Geh in die Kirche. Tu dies, tu jenes, singe Pujas* – was immer Sie auch spirituell tun mögen. Diese Einflüsterungen des Unbewussten mit all seiner Vergangenheit werden dann zur Autorität – die unser Gewissen wird, unsere innere Stimme und all das. Man muss sich das alles bewusst machen, es verstehen und sich davon befreien können, um herauszufinden, ob es Sicherheit gibt. Und um in der Wahrheit zu leben, was heißt, dass Sie für sich selbst entdecken, ob etwas sicher ist oder nicht.

Wir finden – psychisch und emotional – ebenfalls Sicherheit, wenn wir uns mit einer Idee, einer bestimmten Ethnie, einer Gemeinschaft, einem bestimmten Handeln identifizieren. Wenn wir uns einer bestimmten Sache anschließen, einer politischen Partei, einer Denkweise, aber auch Traditionen, Ritualen und Gewohnheiten, wie sie die Hindus, die Parsen, die Christen, die Muslime und alle anderen pflegen. Wir verpflichten uns zu einer be-

---

* Gottesdienstliche Texte des Hinduismus und Buddhismus, die man für sich allein oder zu mehreren singt. [Anm. d. Übers.]

stimmten Denkungsart. Wir identifizieren uns mit einer Gruppe, einer Gemeinschaft, einer bestimmten Klasse oder Idee. Diese Identifikation mit der Nation, der Familie, der Gruppe, der Gemeinschaft schenkt auch ein Gefühl von Sicherheit. Sie fühlen sich sehr viel sicherer, wenn Sie von sich sagen können: »Ich bin Inder.« Oder: »Ich bin Engländer.« Oder: »Ich bin Deutscher.« Was auch immer …

Daher ist die erste Frage überhaupt: Gibt es so etwas wie Sicherheit? Das müssen Sie herausfinden, nicht ich. Ich sage, dass es keine Sicherheit gibt, gleich welcher Art – psychologisch, auf irgendeiner höheren oder tieferen Ebene.

KAPITEL 10

WAS IST WAHRE RELIGION?

1

Religion hat das menschliche Verhalten nicht verändert

Wir haben gesagt, dass es zu einer radikalen Transformation kommen muss, einem Wandel im Geist, weil der Mensch jede äußere und innere Methode ausprobiert hat, um sich zu verändern. Er begibt sich in Tempel, Kirchen, Moscheen. Er hat es mit den verschiedensten Wirtschaftsordnungen oder politischen Systemen versucht. Es gibt momentan enormen Wohlstand, aber auch massive Armut. Der Mensch hat auf jede erdenkliche Weise – durch Erziehung, Wissenschaft oder Religion – versucht, in sich eine radikale Veränderung zu bewirken. Er hat sich in Klöster zurückgezogen, sich von der Welt abgewandt und endlos meditiert oder Gebete gesprochen, Opfer dargebracht. Er wurde zum Gefolgsmann von Idealen und Lehrern, hat sich diversen Sekten angeschlossen. Wenn man sich mit der Menschheitsgeschichte beschäftigt, kann man sagen, dass der Mensch wirklich alles versucht hat, einen Weg aus der Verwirrung, dem Elend, der Sorge, den endlosen Konflikten zu finden. Er hat sogar einen Himmel erfunden. Und um die Hölle zu vermeiden, die Bestrafung bedeutet, betreibt er die unterschiedlichsten Formen mentaler Gymnastik oder Kontrolle. Er hat es mit Drogen probiert, mit Sex, mit unzähligen Methoden, die sein cleverer Geist ersonnen hat. Und doch ist der Mensch allüberall geblieben, wie er war.

2

Ist Glaube religiös?

Wir merken, dass das Leben hässlich, schmerzhaft und leidvoll ist. Und wir wünschen uns eine Art Theorie, eine spekulative Annahme oder Doktrin, die all das befriedigend erklärt. Und so verstricken wir uns in diese Erklärungen, in Worte und Theorien, bis unsere Überzeugungen tief in uns verwurzelt und durch nichts mehr zu erschüttern sind, denn hinter den Glaubenssätzen und Dogmen steht die ständige Angst vor dem Unbekannten. Aber wir sehen uns diese Angst nie an. Wir wenden uns sogar von ihr ab. Je stärker der Glaube, desto stärker das Dogma. Und wenn wir diese – christlichen, hinduistischen oder buddhistischen – Überzeugungen unter die Lupe nehmen, stellen wir fest, dass sie die Menschen voneinander trennen. Jedes Dogma, jeder Glaube hat eine Reihe von Ritualen beziehungsweise Zwängen, die die Menschen verbinden, aber auch trennen. Also fangen wir an, nachzuforschen, was denn nun die Wahrheit ist, was all das Elend, der Kampf, der Schmerz bedeuten sollen. Und schon stecken wir wieder mittendrin in Glaubenssätzen, Ritualen und Theorien.

Glaube ist Korruption, denn hinter Glauben und Moral steht der Geist, das Selbst – das Selbst, das sich aufbläht und immer stärker und mächtiger wird. Wir betrachten den Glauben an Gott oder etwas anderes als Religion. Und wir denken, wenn wir glauben, seien wir religiös. Verstehen Sie? Wenn Sie nicht glauben, werden Sie als Atheist bezeichnet und von der Gesellschaft verdammt. Die eine Gesellschaft lehnt Menschen ab, die an Gott glauben. Eine andere verdammt jene, die es nicht tun. Beide sind sich gleich. Religion ist also eine Frage des Glaubens – und der Glaube beeinflusst den Geist entsprechend. In diesem Fall kann der Geist niemals frei sein. Aber nur in Freiheit finden Sie heraus, was wahr ist, was Gott ist. Nicht durch eine Glaubensform, denn Ihr Glaube projiziert nur, was Sie von Gott denken, was Sie für wahr halten.

3
Religion und Glaube spalten uns

Sie glauben an Gott, und jemand anderer tut das nicht. Also trennt Ihrer beider Glaube Sie voneinander. Der Glaube in der Welt ist organisiert als Hinduismus, Buddhismus, Christentum und so weiter. Daher trennt er die Menschen voneinander. Wir sind verwirrt und nehmen an, dass wir diese Verwirrung mit dem Glauben auflösen können. Wir hoffen, dass sie durch ihn verschwindet. Aber Glaube ist nur eine Flucht vor der Tatsache der Verwirrung. Er hilft uns nicht, diese Tatsache zu verstehen, sondern lässt uns vor unserer Verwirrung nur die Augen verschließen. Um die Verwirrung zu verstehen, brauchen wir den Glauben nicht. Er ist ohnehin nur ein Wandschirm zwischen uns und unseren Problemen. Die Religion als organisierter Glaube wird also zur Flucht vor der Verwirrung. Ein Mensch, der an Gott glaubt, an das Leben nach dem Tod oder an irgendetwas anderes, läuft nur vor der Tatsache der Verwirrung weg. Kennen Sie nicht auch Menschen, die an Gott glauben, Pujas praktizieren, endlos bestimmte Chants oder Worte wiederholen, aber in ihrem Alltag dominant, grausam, ehrgeizig, betrügerisch und unehrlich sind? Werden sie Gott finden? Suchen sie ihn denn überhaupt? Lässt sich Gott in endlos wiederholten Worten finden, im Glauben? Aber diese Menschen glauben an Gott, sie beten ihn an, sie gehen jeden Tag in die Kirche, sie tun alles, um dem aus dem Weg zu gehen, was sie wirklich sind – und diese Menschen betrachten Sie als respektabel, weil sie so sind wie Sie.

4

Kann der Geist, mit all seinen Ängsten, wahre Religion erfinden?

Wir beschäftigen uns damit, eine andere Welt, eine andere soziale Ordnung zu schaffen. Wir interessieren uns nicht für religiöse Glaubenssätze, Dogmen und Rituale, sondern für wahre Religion. Und die lässt sich nur finden, wenn da keine Angst ist. Wir sehen, dass das Denken Angst hervorbringt. Und das Denken muss mit irgendetwas beschäftigt sein, weil es sich sonst verloren fühlt. Einer der Gründe, warum wir uns mit Gott oder sozialen Reformen, mit diesem oder jenem beschäftigen, ist, dass wir Angst haben, einsam zu sein. Wir haben Angst vor der inneren Leere. Wir wissen, was die Welt ist: ein Ort der Brutalität, Hässlichkeit, Gewalt, Kriege, Hassgefühle und Spaltung in verschiedene Nationen beziehungsweise Schichten und so weiter. Da wir also wissen, was die Welt ist – und nicht, was sie unserer Ansicht nach sein sollte –, richtet sich unser Augenmerk darauf, einen radikalen Wandel herbeizuführen. Damit dieser sich vollziehen kann, muss der menschliche Geist eine enorme Umwandlung durchlaufen. Und diese Umwandlung kann nicht stattfinden, wenn es auch nur einen Hauch von Furcht gibt.

***

Denken ist eine Reaktion der Erinnerung, die wir durch Erfahrung, Wissen und Tradition angesammelt haben. Die Erinnerung wiederum ist das Ergebnis der Zeit. Wir haben sie von den Tieren ererbt. Vor diesem Hintergrund reagieren wir. Die Reaktion ist das Denken. Auf bestimmten Ebenen ist das Denken wichtig. Aber wenn das Denken sich selbst psychologisch als Zukunft oder Vergangenheit projiziert, dann kreiert es Angst und Vergnügen … Kann das Denken aufhören – auf der psychologischen Ebene sich selbst schützend –, über die Vergangenheit nachzudenken oder über die Zukunft?

5

Vollkommene Aufmerksamkeit wischt die Furcht hinweg

Wenn Sie also frei von Angst sein wollen, richten Sie Ihre ganze Aufmerksamkeit auf sie. Wenn sich das nächste Mal die Angst in Ihrem Geist rührt – die Angst, dass ein bestimmtes Ereignis eintreten oder sich wiederholen könnte –, dann lenken Sie Ihre ganze Aufmerksamkeit darauf. Laufen Sie nicht weg davor. Versuchen Sie nicht, sie zu ändern, zu kontrollieren oder zu unterdrücken. Verweilen Sie ganz bei der Angst, mit all Ihrer Aufmerksamkeit. Dann werden Sie erkennen, dass es keine Angst gibt, weil es keinen Beobachter gibt … Wenn Sie Ihre Aufmerksamkeit in jedem Moment vollständig bündeln, dann wischen Sie damit auch das Unbewusste weg und das begrenzte Bewusstsein.

6

Kann der Geist dem Heiligen begegnen, ohne die vom Denken geschaffenen Rituale?

Wie also begegnet man dem Heiligen? Verstehen Sie meine Frage? Wir haben meditiert, Opfergaben dargebracht, haben zölibatär gelebt oder nicht. Wir haben Traditionen und Rituale akzeptiert. Wir lassen uns von Weihrauch und Götterbildern erregen. Wir umrunden die Tempel und werfen uns nieder – diese ganzen kindischen Dinge haben wir gemacht. Und wenn wir das getan haben, haben wir auch bemerkt, wie sinnlos das ist, denn diese Dinge sind aus der Angst geboren, aus dem Wunsch nach Hoffnung, denn viele von uns sind verzweifelt. Aber Hoffnung befreit uns nicht von der Verzweiflung. Wenn Sie frei von Verzweiflung sein wollen, müssen Sie die Verzweiflung verstehen, statt mit Hoffnung dagegen vorzugehen. Es ist ungeheuer wichtig, dass Sie das verstehen, denn sonst schaffen Sie nur eine Dualität mehr und finden aus dem Tunnel der Dualitäten nicht heraus.

***

Wir kommen also zum Punkt: Kann der Geist ohne Disziplin, ohne Denken, ohne Zwang, ohne Bücher, ohne Anführer, ohne Lehrer, ohne jedwedes Mittel dem Heiligen begegnen? Kann der Geist ihm begegnen, so wie Sie jetzt diesem wunderschönen Sonnenuntergang? Und unter welchen Umständen gelingt uns das? Nicht mit den Mitteln, die das bewirken sollen – das ist nur ein weiterer Trick.

Mir scheint, es gibt einige absolute Dinge, die notwendig sind. Nichts, was man gewinnen müsste oder praktizieren oder jeden Tag tun. Es muss dafür eine Leidenschaft ohne Grund vorhanden sein. Verstehen Sie? Eine Leidenschaft, die nicht das Resultat irgendeiner Verpflichtung oder Anhaftung ist, nicht aus einem Anlass entsteht. Ohne Leidenschaft können Sie die Schönheit nicht sehen. Damit meine ich nicht die Schönheit eines Sonnenuntergangs, eines dahingleitenden Vogels, sondern eine Schönheit, die nicht intellektueller oder sozialer Natur ist, also auch nicht vergleichbar. Wenn Sie dieser Schönheit begegnen wollen, muss Leidenschaft vorhanden sein. Und um zu dieser Leidenschaft zu kommen, braucht es Liebe. Hören Sie zu. Sie können hier absolut gar nichts aktiv tun. Sie können Liebe nicht einüben – dann wird sie zur Freundlichkeit, Großzügigkeit, Sanftheit, zu einem Zustand der Gewaltlosigkeit und des Friedens. Aber mit Liebe hat das nichts zu tun. Ohne Leidenschaft und Schönheit gibt es keine Liebe. Hören Sie bitte zu. Lassen Sie sich keine Argumente einfallen. Diskutieren Sie nicht, »wie das gehen soll«.

Es ist so, als würde man einfach eine Tür offen lassen. Wenn Sie die Tür offen lassen, kommt das abendliche Lüftchen herein. Sie können es nicht hereinlenken. Sie können sich nicht darauf gefasst machen. Sie können nicht sagen: »Ich muss« oder »Ich darf nicht«. Sie können dafür keine Rituale durchführen und so weiter. Lassen Sie einfach nur die Tür offen. Das ist eine einfache Sache. Sie hat nichts mit dem Willen zu tun oder mit Vergnügen. Sie wird nicht von einem cleveren Geist herbeigeführt. Lassen Sie einfach die Tür offen. Das ist alles, was Sie tun können. Mehr nicht. Sie können sich nicht zum Meditieren hinsetzen oder den Geist zum Schweigen zwingen mithilfe von Disziplin. Solch ein Schweigen ist nur Lärm und endloses Elend. Alles, was Sie tun können, ist, die Tür Ihres Geistes offen zu lassen. Und Sie können die Tür nicht offen lassen, wenn Sie nicht frei sind.

Also fangen Sie an, sich aus dem Gewirr dummer psychischer Erfindungen herauszuwinden, die der Geist geschaffen hat – um frei von all dem zu sein, nicht um die Tür offen lassen zu können, sondern einfach, um frei zu sein. Das ist so, als würde man ein Zimmer sauber und ordentlich halten. Mehr ist dazu nicht nötig. Wenn Sie also die Tür offen lassen – ohne Absicht, ohne Sinn und Zweck, ohne Anlass, ohne jedes Verlangen –, dann kommt durch diese Tür etwas, das nicht an Zeit oder Erfahrung gemessen werden kann. Es hat nichts zu tun mit egal welcher Aktivität des Geistes. Dann werden Sie für sich selbst wissen, ohne jeden Zweifel, dass es etwas gibt, was die Vorstellungskraft des Menschen übersteigt, jenseits der Zeit, jenseits aller Nachforschungen.

KAPITEL 11

REGIERUNG, ARMEE UND GESETZ

1

Kann Autorität den menschlichen Geist umwandeln?

Kann Autorität den menschlichen Geist umwandeln? Es ist wichtig, dass wir das begreifen, weil uns Autorität ja so wichtig ist. Wir mögen dagegen rebellieren, aber wir suchen uns immer unsere eigene Autorität …

Da ist die Autorität des Gesetzes, die man natürlich akzeptieren muss. Dann gibt es die psychologische Autorität, die Autorität des Wissenden, zum Beispiel des Priesters. Heute schert sich niemand mehr um Priester. Die sogenannten Intellektuellen, die einigermaßen klar denken können, lehnen Priester, Kirche und all deren Erfindungen ab. Aber sie haben ihre eigene Autorität, die des Intellekts, der Vernunft, des Wissens. Und dieser Autorität folgen sie. Menschen, die Angst haben, unsicher sind, im Handeln und im Leben haltlos sind, wünschen sich eine Autorität, die ihnen sagt, was sie tun sollen – die Autorität des Analytikers, der Bücher oder der neuesten Modeerscheinung.

Kann der Geist frei von Autoritäten sein, was bedeutet: frei von Furcht, wodurch er unfähig würde, der Autorität noch länger zu folgen? Wenn ja, dann setzt dies der stets mechanischen Nachahmung ein Ende. Denn Tugend und Ethik sind keine Wiederholung des Guten. In dem Moment, in dem all das mechanisch wird, hört es auf, Tugend zu sein. Tugend ist etwas, das von Augenblick zu Augenblick entsteht – wie die Demut. Demut lässt sich nicht kultivieren. Und ein Geist, der keine Demut kennt, ist unfähig zu lernen. Tugend hat also keine Autorität. Die Sozialmoral ist überhaupt keine Moral. Sie ist unmoralisch, weil sie Konkurrenz, Gier, Ehrgeiz zulässt. Unsere Gesellschaft fördert also die Unmoral.

2

Regierungsgesetze, die Armee und das Töten

Kommentar: Früher sagten Sie, dass wir die Autorität des Gesetzes akzeptieren müssten. Ich kann das verstehen, wo es um solche Dinge wie Verkehrsregeln geht. Aber das Gesetz will mich zum Soldaten machen, und das kann ich nicht hinnehmen.

Krishnamurti: Das ist überall auf der Welt ein Problem. Die Regierungen verlangen, dass man zur Armee geht und an Kriegen teilnimmt. Was soll man da tun, vor allem, wenn man noch jung ist? Uns ältere Menschen betrifft das ja nicht mehr. Was aber passiert mit den jungen? Das ist eine Frage, die sich überall auf der Welt stellt.

Nun, es gibt keine Autorität. Ich rate Ihnen nicht, was Sie tun oder nicht tun sollen, ob Sie mitmachen sollen oder nicht, töten sollen oder nicht. Wir werden uns die Frage genauer ansehen.

In Indien gab es einst eine Gemeinschaft innerhalb der Gesellschaft, die sagte: »Wir werden nicht töten.« Sie töteten keine Tiere, um sie zu essen. Es war ihnen wichtig, dass man sich gegenseitig nicht verletzte, immer freundlich miteinander sprach und bestimmte Tugendregeln befolgte. Diese Gemeinschaft existierte viele Jahrhunderte lang, vor allem im Süden, wo viele Brahmanen Teil von ihr waren. Heute ist all das verschwunden. Was also sollen Sie tun: im Krieg helfen oder nicht? Wenn Sie eine Briefmarke kaufen, unterstützen Sie den Krieg. Wenn Sie Ihre Steuern bezahlen, tragen Sie zum Krieg bei. Wenn Sie Geld verdienen, leisten Sie Ihren Anteil am Krieg. Wenn Sie in einer Fabrik arbeiten, stellen Sie Granaten für den Krieg her. Und die Art und Weise, wie Sie leben, mit der Konkurrenz, dem Ehrgeiz, dem selbstbezogenen Wohlstand, bringt den Krieg hervor. Wenn die Regierung von Ihnen verlangt, in die Armee einzutreten, können Sie entscheiden, dass Sie das tun müssen oder dass Sie es nicht tun wollen und die Konsequenzen dafür auf sich nehmen. Ich kenne einen jungen Mann in Europa. Dort muss jeder ein Jahr oder eineinhalb oder zwei Jahre lang in die Armee. Der junge Mann sagte: »Ich will das nicht. Ich werde das nicht tun.« Und er beschloss, wegzulaufen. Das tat er dann tatsächlich, aber das bedeutet, dass er nie wieder in sein Land zurückkehren kann. Er hat seinen Besitz bei seiner Familie gelassen. Er wird seine Familie nie wiedersehen. Ob Sie nun Soldat werden oder nicht, ist ein vergleichsweise kleines Problem, wenn es um viel größere Dinge geht.

3
Der Mensch hat sich für den Krieg entschieden

Das größere Problem ist, wie man Kriege überhaupt stoppen kann, nicht diesen einen oder anderen Krieg. Sie haben Ihren »Lieblingskrieg«, und ich habe einen anderen. Vielleicht weil ich Brite bin und Hitler hasse, also kämpfe ich gegen ihn. Aber ich kämpfe nicht gegen Vietnamesen, weil das nicht mein Krieg ist. Es bringt mir politisch nichts, oder ich habe noch ganz andere Gründe. Das größere Problem aber ist: Der Mensch hat sich für Kriege und Konflikt entschieden. Solange Sie das nicht vollkommen ändern, werden Sie sich immer wieder in diese Frage verwickelt finden, bei der es letztlich um den Fragenden geht. Um das ein für alle

Mal zu ändern, müssen Sie friedlich leben und nicht töten, weder mit Worten noch mit Taten. Das heißt: keine Konkurrenz, keine Einteilung in einzelne Regierungen, keine Armeen. Sie sagen: »Das ist unmöglich. Das schaffe ich nie. Ich kann den Krieg nicht stoppen. Ich kann die Armee nicht aufhalten.« Mir scheint jedoch eines wichtig: Wenn Sie die ganze Struktur menschlicher Gewalt und Brutalität erkennen, die sich letztlich im Krieg ausdrückt, wenn Sie das in seiner Gesamtheit sehen können, dann werden Sie schon deswegen, weil Sie das alles sehen, das Rechte tun. Und das Rechte kann alle möglichen Konsequenzen nach sich ziehen, das ist nicht von Belang. Aber um die Gesamtheit dieses Elends zu erfassen, müssen Sie eine enorme Freiheit der Anschauung besitzen. Und diese Anschauung ist die Disziplinierung des Geistes. Sie bringt ihre eigene Disziplin mit sich. Aus dieser Freiheit erwächst die Stille, und Sie haben die Antwort auf Ihre Frage.

4

Religionen und Nationen sind die Ursache des Krieges

Was also bringt diese Unordnung in die Welt, auf der psychischen, der inneren Ebene? Offensichtlich ist einer der Gründe für diese enorme zerstörerische Unordnung der Welt die Spaltung in Religionen – Sie sind Hindu, ich Muslim; Sie sind Christ: Katholik, Protestant, Episkopale – eine Vielzahl von Spaltungen …

Religionen trennen die Menschen also, und das ist einer der Faktoren dieser großen Unordnung. Sie sollten mir hier nicht einfach zustimmen, sondern die Fakten betrachten …

Auch der Nationalismus – ein jüngeres Giftgewächs – verursacht Unordnung … Und solange Sie souveräne Staaten haben – also auf die eigene Nation fokussierte, separate Regierungen, souveräne Regierungen mit ihren Armeen –, so lange wird es Kriege geben.

5

Können wir unseren Lebensunterhalt verdienen, ohne andere zu verletzen?

Was verstehen wir unter Lebensunterhalt? Die Tatsache, dass man genug verdient, um die eigenen Bedürfnisse an Nahrung, Kleidung und Obdach zu decken. Schwierigkeiten mit dem Lebensunterhalt stellen sich erst dann ein, wenn wir das Wesentliche im Leben – Nahrung, Kleidung und Obdach – als Mittel psychischer Aggression einsetzen. Wenn ich also die Bedürfnisse, das Notwendige nutze, um mein Selbst aufzublähen. Dann gibt es Probleme mit dem Lebensunterhalt. Und unsere Gesellschaft beruht im Wesentlichen nicht darauf, dass sie das Notwendige bereitstellt. Nein, vielmehr beruht sie darauf, dass wir das Notwendige als psychische Fortschreibung unseres Selbst benutzen, um es aufzublähen.

6

Was ist ein falscher Beruf?

Wir erkennen doch sicher, was ein falscher Beruf ist. Soldat, Polizist oder Anwalt ist ein falscher Beruf, weil diese Menschen vom Konflikt leben, von der Uneinigkeit. Und der große Geschäftsmann, der Kapitalist lebt von der Ausbeutung. Ob das große Geschäft nun eine Einzelperson macht oder der Staat – wenn der Staat große Unternehmen übernimmt, hören diese ja nicht auf, Sie oder mich auszubeuten. Und da sich die Gesellschaft auf die Armee stützt, auf Polizei und Gesetz und große Unternehmer – also auf die Prinzipien der Ausbeutung, der Uneinigkeit, der Gewalt –, wie sollen Sie und ich, die wir einen anständigen Beruf haben wollen, da überleben? Die Arbeitslosigkeit wächst, es gibt immer größere Armeen, immer größere Polizeiverbände und Geheimdienste. Auch die Unternehmen werden immer größer und bilden gewaltige Konzerne, die häufig vom Staat übernommen werden, denn in manchen Ländern ist der Staat ebenfalls ein Großkonzern. Angesichts dieser Ausbeutungssituation, dieser Gesellschaft, die auf Uneinigkeit gründet, wie sollen Sie da zu einem rechten Lebensunterhalt gelangen? Den meisten von uns genügt es, wenn sie einen Job finden und ihn behalten in der Hoffnung auf Beförderung und mehr Gehalt. Denn jeder von uns wünscht sich Sicherheit und eine dauerhafte Stellung, da gibt es keinen radikalen Wandel. Es sind nicht die Menschen, die mit sich selbst zufrieden und wunschlos glücklich sind, die mit ihrem Leben experimentieren, sondern nur die Abenteuerlustigen, die ihre Existenz aufs Spiel setzen: Sie entdecken die wahren Dinge, eine neue Art zu leben.

Bevor es also einen rechten Lebensunterhalt geben kann, müssen wir die offensichtlich falschen Wege dorthin erkennen – die Armee, das Gesetz, die Polizei, die großen Konzerne, die die Menschen einsaugen und sie ausbeuten, ob nun im Namen des Staates, des Kapitals oder der Religion. Wenn Sie das Falsche sehen und auslöschen, dann kommt es zu einem grundlegenden Wandel, zur Revolution. Und nur diese Revolution allein kann eine neue Gesellschaft schaffen. Als Individuum einen rechten Lebensunterhalt anzustreben, ist großartig, aber es löst das umfassendere Problem nicht. Das umfassendere Problem lässt sich nur dann lösen, wenn Sie und ich nicht mehr nach Sicherheit streben. Denn es gibt so etwas wie Sicherheit nicht. Wenn Sie Sicherheit suchen, was passiert dann? Was geschieht denn im Moment auf der Welt? Ganz Europa wünscht sich Sicherheit, schreit danach, und was passiert? Sie suchen Sicherheit im Nationalismus. Sie sind ein Nationalist, weil Sie Sicherheit wollen und glauben, dass Sie selbige durch Nationalismus erreichen. Dabei ist immer wieder bewiesen worden, dass Nationalismus keine Sicherheit schafft, weil Nationalismus ein Prozess der Isolation ist, der Kriege, Elend und Zerstörung nach sich zieht. Der rechte Lebensunterhalt im großen Maßstab muss also bei jenen Menschen beginnen, die verstehen, was falsch ist. Wenn Sie sich gegen das Falsche wenden, dann schaffen Sie die Mittel für den rechten Lebensunterhalt. Wenn Sie sich gegen die ganze Struktur der Uneinigkeit und Ausbeutung wenden, ob diese nun vom politisch rechten oder linken Spektrum ausgeht oder von der Religion und den Priestern, dann ist das aktuell die rechte Tätigkeit, weil nur so eine neue Gesellschaft, eine neue Kultur entstehen kann. Aber um diesen Kampf aufzunehmen, müssen Sie das Falsche sehr klar und exakt sehen, sodass es fortfallen kann. Um das Falsche aufzudecken, müssen Sie seiner gewahr sein. Sie müssen alles beobachten, was Sie tun, denken und fühlen. Daraus wird Ihnen nicht nur die Einsicht in das erwachsen, was falsch ist. Sie werden auch zu einer neuen Vitalität finden, einer neuen Energie. Und diese Energie wird Ihnen zeigen, welche Art von Arbeit Sie machen können oder nicht.

7

Sie müssen sich selbst Gesetz sein

Aber am Ende ist die Wahrheit nichts, was man Ihnen vermitteln könnte. Sie müssen sie selbst finden. Und um sie für sich selbst zu entdecken, müssen Sie sich selbst Gesetz sein. Sie müssen Ihre eigene Lotsin werden, nicht die Politikerin, die die Welt retten will. Nicht der Kommunist noch die Führungspersönlichkeit noch der Priester noch der Sannyasin* oder das Buch. Sie müssen leben. Sie müssen sich selbst Gesetz sein. Und ohne Autorität auskommen – was heißt, dass Sie ganz allein stehen, nicht in der Außenwelt, sondern in Ihrem Inneren. Ganz allein – was bedeutet: keine Angst zu haben.

* Bezeichnung aus dem Hinduismus, die eine Person beschreibt, die in völliger Besitzlosigkeit lebt und sich der Welt entsagt hat. [Anm. d. Red.]

8

Die Verantwortung liegt bei jedem von uns

Dieser Frieden ist Ihre Verantwortung, sie liegt bei jedem von uns. Nicht beim Politiker oder Soldaten, nicht beim Anwalt oder Unternehmer, nicht beim Kommunisten oder Sozialisten, bei niemandem sonst. Es ist Ihre Verantwortung, wie Sie leben, wie Sie Ihren Alltag angehen. Wenn Sie Frieden auf der Welt wollen, müssen Sie friedlich leben, einander nicht hassen oder beneiden, nicht nach Macht streben oder sich der Konkurrenz hingeben. Denn wenn Sie von diesen Dingen frei sind, haben Sie die Liebe. Und nur ein Geist, der zur Liebe fähig ist, weiß, was es heißt, friedlich zu leben.

KAPITEL 12

ETHNIE, KULTUR UND NATION

1

Es gibt nur eine Menschheit: Wie sieht Ihre Beziehung dazu aus?

Wenn ich darauf hinweisen darf: Die Einteilung der Menschen in zum Westen oder Osten gehörig ist rein geografisch und damit willkürlich. Sie hat keine grundlegende Bedeutung. Ober wir östlich oder westlich von einer bestimmten Linie leben, ob wir braun, schwarz oder weiß sind, wir sind alle Menschen. Leid und

Hoffnung, Angst und Glaube, Freude und Schmerz gibt es diesseits und jenseits dieser Linie. Auch das Denken ist nicht westlich oder östlich. Es ist vielmehr der Mensch, der es entsprechend seiner Konditionierung so einteilt. Liebe ist keine Sache der Geografie. Sie wird nicht auf einem Kontinent verehrt und auf dem anderen verteufelt. Die Einteilung der Menschen geschieht aus rein wirtschaftlichen Gründen, meist zur Ausbeutung. Das soll nun nicht heißen, dass die Menschen sich in Temperament und so weiter nicht unterscheiden. Es gibt Ähnlichkeiten und Unterschiede. Das liegt doch auf der Hand. Rein psychologisch ist dies eine Tatsache, oder?

2

Zivilisationen ändern sich: Die wesentlichen Merkmale der Menschheit aber bleiben gleich

Wenn wir Unterschiede sehen, müssen wir uns auch der Ähnlichkeiten bewusst werden. Der äußere Ausdruck kann anders sein, aber hinter diesen Äußerlichkeiten stehen die gleichen Triebe, Impulse, Sehnsüchte und Ängste. Wir sollten uns also von Worten nicht täuschen lassen. Sowohl hier als auch dort wünschen die Menschen sich Frieden und Wohlstand und ein bisschen mehr als nur materielles Glück. Zivilisationen unterscheiden sich je nach Klima, Umwelt, Ernährungsweise und so weiter, aber kulturell sind wir uns in aller Welt weitgehend gleich: Mitgefühl haben, das Böse scheuen, großzügig sein, keinen Neid empfinden, vergeben und so weiter. Ohne diese kulturellen Grundlagen wird jede Zivilisation zerfallen oder zerstört werden, ob nun hier oder dort. Die vermeintlich »rückständigen« Völker können Wissen ansammeln. Sie können sich das westliche Know-how aneignen und gleichfalls zu Kriegstreibern, Generälen, Anwälten, Polizisten und Tyrannen werden. Aber Kultur ist etwas ganz anderes. Die Liebe Gottes und die Freiheit des Menschen sind nicht so leicht zu haben. Und ohne beides ist materieller Wohlstand bedeutungslos.

3

Spaltung schenkt falsche Sicherheit

In unserem Drang nach Sicherheit, nicht nur als Einzelpersonen, sondern als Gruppe, Nation oder Ethnie, haben wir da nicht eine Welt geschaffen, in der der Krieg, inner- und außerhalb einer bestimmten Gesellschaft, unsere Hauptsorge geworden ist?

Frieden ist ein Geisteszustand, die Freiheit von jeglichem Wunsch nach Sicherheit. Der Herz-Geist, der Sicherheit sucht, lebt immer im Schatten der Angst. Uns geht es ja nicht nur um materielle Sicherheit, sondern mehr um innere, psychische Sicherheit. Dieser Wunsch, uns innere Sicherheit zu verschaffen, durch Tugend, Glauben, Zugehörigkeit zu einer Nation, schafft überhaupt erst die Grenzen und damit im Widerspruch stehende Gruppen und Ideen.

4

Wenn Sie sich verändern, verändert sich die Welt

Es ist ungeheuer wichtig, dass sich zumindest der ein oder andere nicht zu einer bestimmten Gruppe oder Ethnie zählt, zu einer besonderen Religion oder Gesellschaft. Diese Menschen werden die wahre menschliche Gemeinschaft begründen, weil sie nach der Wahrheit streben. Um von äußeren Reichtümern frei zu sein, braucht es das Gewahrsein innerer Armut, das uns tatsächlich grenzenlosen Reichtum beschert. Einige wenige erwachte Menschen können die Richtung, die eine Kultur einschlägt, verändern. Und das sind nicht irgendwelche Fremden, sondern Sie und ich.

***

Ein Stein mag den Lauf eines Flusses verändern. Eine kleine Anzahl Menschen kann den Lauf einer Kultur in eine andere Richtung lenken. Denn alle großen Dinge werden so bewirkt.

5

Gesetze führen nicht zum Ende des Verbrechens

Von Zeit zu Zeit beutet eine Gruppe Menschen die andere aus. Diese Ausbeutung führt zu einer Krise der Gewalt. Das geschieht schon seit Jahrhunderten – eine ethnische Gruppe beherrscht die andere, beutet sie aus und tötet sie, nur um dann selbst unterdrückt, betrogen und in Armut gezwungen zu werden. Wie lässt sich dieses Problem lösen? Sollte man es mit Gesetzen angehen, äußerer Organisation oder Erziehung? Oder indem wir die widersprüchlichen Ursachen verstehen, die in der Außenwelt Chaos und Elend stiften? Aber Sie werden innere Vorgänge nicht begreifen, wenn Sie nicht auch die äußeren verstehen. Wenn Sie eine ethnische Gruppe ausbeuten oder unterdrücken, dann werden Sie zum Ausbeuter und Unterdrücker. Wenn Sie brutale Methoden für gerechte Zwecke einsetzen, dann verändert sich dadurch der Zweck. Solange wir kein tiefgehendes und dauerhaftes Verständnis dieser Tatsache gewonnen haben, wird die versuchte Läuterung des Bösen durch gewaltsame Methoden nur noch mehr Böses hervorbringen. Und dann muss die Gesellschaft von Neuem reformiert werden. Wir sehen, dass dies auf der Hand liegt, und doch lassen wir uns durch Angst, Propaganda und so weiter vom Gegenteil überzeugen. Was wiederum bedeutet, dass wir nicht zur Wahrheit vordringen.

6

Befreien Sie sich von Ihren Fesseln und Sie befreien die Welt

Wie das Individuum, so die Nation, so der Staat. Sie sind vielleicht nicht in der Lage, die Letzteren zu erneuern, aber Sie können sich selbst ändern. Mit Gewalt oder Wirtschaftssanktionen bringen Sie vielleicht ein Land dazu, ein anderes nicht mehr auszubeuten, aber welche Garantie gibt es denn, dass das Land, welches das andere in seine Schranken weist, sich nicht ebenso repressiv und rücksichtslos verhält? Eine solche Garantie, wie auch immer sie aussehen mag, gibt es nicht. Ganz im Gegenteil: Wer das Böse mit den Mitteln des Bösen bekämpft, wird am Ende zu dem, was er bekämpft. Sie können im Außen eine oberflächliche Struktur aus guten Gesetzen schaffen, die für Kontrolle sorgen. Aber wenn es kein Wohlwollen, keine geschwisterliche Liebe gibt, dann explodieren irgendwann Armut und innere Konflikte und führen ins Chaos. Die Gesetze allein halten den Westen nicht davon ab, den Osten auszubeuten, oder schützen umgekehrt den Westen vor der Ausbeutung durch den Osten. Aber solange wir als Individuen oder Gruppen uns mit dieser oder jener Ethnie, Nation oder Religion identifizieren, solange wird es Kriege und Ausbeutung geben, Unterdrückung und Hunger. Solange Sie an die Spaltung glauben, an die Einteilung in Engländer, Deutsche, Hindus und so weiter, solange Sie sich nicht der Einheit aller Menschen bewusst sind und ihrer Beziehungen untereinander, so lange wird es Massenmord und grenzenloses Leid geben. Ein Volk, das nur von seinen Gesetzen im Zaum gehalten wird, ist wie eine künstliche Blüte, die schön anzusehen ist, aber innerlich leer.

Nun werden Sie vielleicht sagen, dass die Welt nicht auf das individuelle Erwachen wartet oder auf das Erwachen einiger weniger Menschen, um ihren Lauf zu ändern. Ja, sie wird weiterhin ihren blinden, vorgegebenen Gang beibehalten. Aber sie wird erwachen durch jedes Individuum, das sein Gefesselt-Sein an Spaltung, Weltlichkeit, persönlichen Ehrgeiz und Macht ablegen kann. Durch seine Einsicht, sein Mitgefühl können Brutalität und Unwissenheit ein Ende finden. Nur in diesem Erwachen liegt Hoffnung.

KAPITEL 13

SIE UND DIE WELT

1

Wie sieht Ihre Beziehung zur Welt aus?

Wie verhält es sich nun mit der Beziehung zwischen uns und der Welt? Ist die Welt von uns verschieden oder ist jeder Einzelne von uns das Ergebnis des gesamten Prozesses, also nicht von der Welt getrennt, sondern ein Teil von ihr? Sie und ich sind das Resultat des weltweiten, totalen Prozesses, nicht das Ergebnis eines getrennten, individuellen Prozesses, denn schließlich sind Sie das Ergebnis der Vergangenheit. Sie sind konditioniert durch die – politischen, sozialen, wirtschaftlichen, geografischen, klimatischen und so weiter – Einflüsse aus der Umwelt. Sie sind das Resultat des Gesamtprozesses. Daher sind Sie nicht getrennt von der Welt.

2

Sie sind die Welt: Was Sie sind, ist die Welt

Sie sind die Welt, und was Sie sind, ist auch die Welt. Daher ist jedes Problem der Welt Ihr Problem, und wenn Sie Ihr Problem lösen, lösen Sie auch die Probleme der Welt. Die Welt ist also nicht verschieden vom Individuum. Der Versuch, die Probleme der Welt zu lösen, ohne die eigenen anzugehen, ist müßig, durch und durch leer, denn Sie und ich machen die Welt aus … Denn schließlich ist die Welt nicht von Ihnen getrennt. Sie, Ihre Familie, Ihre Nachbarn leben darin. Und wenn Sie und ich uns grundlegend wandeln, dann besteht auch die Möglichkeit, dass die Welt sich ändert. Ansonsten wird das nicht geschehen.

3

Alle großen Veränderungen in der Welt haben mit wenigen Menschen angefangen, mit Ihnen oder mir

Daher haben alle großen Veränderungen und Reformen in der Welt mit wenigen Menschen angefangen, mit Menschen wie Ihnen und mir. Das sogenannte Massenhandeln ist letztlich auch nur das kollektive Verhalten von Individuen, die eine Überzeugung teilen. Das Massenhandeln aber ist nur dann von Bedeutung, wenn die Individuen erwacht sind. Lassen Sie sich hingegen von Worten oder Ideologien hypnotisieren, dann führt das Massenhandeln ins Verderben.

Da wir also sehen, dass die Welt mit ihren Kriegen und Hungersnöten, mit der Krankheit des Nationalismus und den korrumpierten religiösen Ideologien erschreckend chaotisch ist, ist offensichtlich, dass wir zuerst uns selbst verändern müssen, wenn wir einen grundlegenden, radikalen Wandel vollziehen wollen. Sie werden jetzt sagen: »Ich bin ja bereit, mich zu ändern, aber es wird Äonen dauern, bis jeder einzelne Mensch sich gewandelt hat.« Aber stimmt das auch? Soll es doch ruhig ein paar Jahre dauern. Wenn Sie und ich wirklich überzeugt sind von der Wahrheit, dass die Revolution bei uns beginnen muss und nicht bei den anderen, wird es dann wirklich so lange dauern, die Welt zu überzeugen und zu verändern? Da Sie die Welt sind, wird Ihr Handeln die Welt, in der Sie leben, verändern, und das ist die Welt Ihrer Beziehungen. Die Schwierigkeit liegt darin, die Wichtigkeit individuellen Wandels zu erkennen. Wir wollen, dass die Welt, die Gesellschaft sich ändert, sind aber in unserer Blindheit nicht bereit, uns selbst zu ändern. Was ist denn die Gesellschaft? Nichts anderes als die Beziehung zwischen Ihnen und mir. Was Sie sind und was ich bin, bringt die Beziehung hervor und mit ihr die Gesellschaft, ob diese sich nun als hinduistisch, kommunistisch, kapitalistisch oder was auch immer sieht. Unsere Beziehung muss sich ändern, und Beziehungen sind nicht abhängig von Gesetzen, Regierungen, äußeren Umständen, sondern einzig und allein von Ihnen und mir.

4

Anderen Menschen helfen und dienen

Frage: Ich möchte den Menschen helfen und dienen. Was ist hierfür der beste Weg?

Krishnamurti: Der beste Weg ist es, zuerst sich selbst zu verstehen und zu ändern. In dem Wunsch, anderen zu helfen und zu dienen, ist ein gewisser Stolz verborgen, ein Dünkel. Wenn Sie lieben, dann dienen Sie. Die Verkündung der Hilfe entsteht aus Eitelkeit.

Wenn Sie jemand anderem helfen wollen, müssen Sie sich selbst erkennen, denn Sie sind der Andere. Äußerlich mögen wir verschieden sein, aber wir alle werden getrieben von Wünschen, Ängsten, Gier oder Ehrgeiz. Innerlich sind wir uns ausgesprochen gleich. Wie können Sie ohne Selbsterkenntnis wissen, was ein anderer Mensch braucht? Ohne sich selbst zu verstehen, können Sie andere nicht verstehen oder unterstützen. Ohne Selbsterkenntnis handeln Sie aus Unwissenheit und schaffen dadurch Leid.

Sehen wir uns Folgendes an: Die Industrialisierung erfasst Schritt für Schritt die ganze Welt. Sie wird vorangetrieben durch Gier und Kriege. Die Industrialisierung schafft Arbeit, ernährt mehr Menschen, aber was ist denn das Resultat im Großen und Ganzen? Was passiert mit Menschen, die in einer hochtechnologisierten Welt leben? Sie werden reicher. Es gibt mehr Autos, Flugzeuge, Schnickschnack, mehr Kinos und größere und bessere Häuser. Was aber geschieht innerlich mit den Menschen? Sie werden immer rücksichtsloser, automatenhaft und immer weniger kreativ. Die Gewalt breitet sich aus, und schließlich muss die

Regierung die Gewalt organisieren. Die Industrialisierung führt vielleicht zu besseren wirtschaftlichen Bedingungen, aber mit erschreckenden Ergebnissen: Slums, Auseinandersetzungen zwischen Arbeitern und Arbeitslosen, zwischen Chefs und Sklaven, Kapitalismus und Kommunismus. Und dieses ganze Chaos breitet sich in den verschiedenen Weltregionen immer weiter aus. Wir sagen uns, dass glücklicherweise der Lebensstandard steigt, dass die Armut endlich ausgelöscht wird, dass es Arbeit für alle gibt, Freiheit, Würde und so weiter. Aber die Spaltung in Reich und Arm, in Machtmenschen und solche, die nach Macht streben – diese endlosen Spaltungen und Konflikte gehen weiter. Worauf läuft das Ganze also hinaus? Was ist im Westen passiert? Kriege, Revolutionen, die ständig drohende Zerstörung und absolute Verzweiflung. Wer hilft da wem und wer dient wem? Wenn alles um Sie herum zerstört wird, dann muss ein nachdenklicher Mensch sich doch fragen, wo die tieferen Gründe liegen. Und das scheinen nur wenige Menschen zu tun.

5

Die Ursachen des Krieges sind in Ihnen selbst zu suchen, nicht in der Technik

Sie können die Industrie nicht zerstören, zum Beispiel die Flugzeuge. Aber Sie können die Ursachen beseitigen, die zu deren Missbrauch führen. Die Ursachen dieses grausamen Missbrauchs sind bei Ihnen zu suchen. Sie können sie auslöschen, was schwierig ist. Da Sie mit dieser Aufgabe nicht fertig werden, versuchen

Sie, den Krieg zu legitimieren. Sie schließen Bündnisse, Abkommen zur internationalen Sicherheit und so weiter. Aber Gier und Ehrgeiz setzen diese wieder außer Kraft, und schon kommt es wieder zu Kriegen und anderen Katastrophen.

6

Das Selbst ist ein Buch mit vielen Bänden

Wenn wir anderen helfen wollen, müssen wir uns selbst kennen. Denn auch der Andere ist, wie wir, Ergebnis der Vergangenheit. Und wir sind alle miteinander verknüpft. Wenn Ihr Inneres an Unwissenheit, Feindseligkeit und Leidenschaft erkrankt ist, dann werden Sie diese Krankheit, diese Finsternis unweigerlich um sich herum verbreiten. Sind Sie hingegen innerlich gesund und ganz, dann strahlen Sie Licht und Frieden aus. Wenn nicht, dann schaffen Sie nur noch mehr Chaos und Elend. Sich selbst zu verstehen erfordert Geduld, ein tolerantes Gewahrsein. Das Selbst ist ein Buch mit vielen Bänden, die Sie nicht alle an einem Tag lesen können. Aber wenn Sie zu lesen anfangen, dann müssen Sie jedes Wort, jeden Satz, jeden Abschnitt lesen, denn darin finden Sie Hinweise auf das Ganze. Der Anfang ist gleichzeitig der Schluss des Ganzen. Wenn Sie wissen, wie Sie lesen können, dann werden Sie auf eine höhere Weisheit stoßen.

7

Können Menschen sich ändern?

Wenn Sie all das sehen können, dann stellt sich natürlich die Frage: Kann der Mensch sich ändern? Können Sie und ich uns ändern? Können Sie und ich in uns einen Wandel anstoßen, der so grundlegend ist, dass unsere Beziehungen als Menschen nicht auf kurzfristigen, bequemen und selbstbezogenen Aktivitäten beruhen? Denn das Wichtigste sind Beziehungen. Wenn es keinen radikalen Wandel in den Beziehungen zwischen zwei Menschen gibt, dann ist es völliger Unsinn, über Gott oder die heiligen Schriften zu reden, wie zum Beispiel die Veden oder die Bibel. Das hat nicht die geringste Bedeutung, wenn wir keine echten Beziehungen zwischen den Menschen schaffen.

8

Die rechte Beziehung zwischen den Menschen

Das wird der Gegenstand unserer Unterhaltung sein – wie wir in unseren Beziehungen eine grundlegende Wandlung vollziehen, damit es keine Kriege mehr gibt, damit Länder nicht durch Nationalitäten, Grenzen, Klassenunterschiede und so weiter gespalten werden. Wenn wir, Sie und ich, keine solche gewandelte Beziehung zwischen uns herstellen, und zwar nicht theoretisch, ideologisch oder hypothetisch, sondern tatsächlich, faktisch, dann wird der Verfall immer weiter und tiefer gehen.

Was aber meinen wir mit Beziehung? Was heißt es, in Beziehung zueinander zu stehen? Zuerst einmal: Haben wir eine Beziehung? Beziehung heißt Kontakt: zusammen sein, in Verbindung, in Kontakt stehen, einen unmittelbaren Kontakt zu einem anderen menschlichen Wesen haben, all seine Schwierigkeiten kennen, seine Probleme, sein Elend, seine Ängste, die unsere eigenen sind. Wenn Sie sich selbst verstehen, verstehen Sie auch die Menschen im Allgemeinen und können daher in der Gesellschaft einen radikalen Wandel bewirken. Das »Individuum« hat wenig Bedeutung, der »Mensch« aber eine ganz enorme. Das Individuum kann sich ändern, je nach Anforderung, nach Einsatz und Situation, aber seine Transformation wird die Gesellschaft nicht radikal verändern. Die Probleme des Menschen hingegen, nicht als Individuum, sondern als menschliches Wesen, das seit zwei Millionen Jahren und vielleicht sogar noch länger mit seinen Konflikten, Ängsten, Spannungen und der Auseinandersetzung mit dem Tod lebt – die Gesamtheit dessen macht das Menschengeschlecht aus. Wenn wir dies nicht begreifen – eben nicht als Individuum, sondern als Vertreter der menschlichen Art –, dann gibt es keine Möglichkeit, eine andere Kultur zu schaffen, eine andere Gesellschaft.

9

Zwischen Bildern gibt es keine Beziehungen

Stehen wir in Beziehung? Hat ein menschliches Wesen mit einem anderen eine Beziehung? Und mit »Beziehung« meinen wir, intellektuell, emotional und psychisch in Kontakt zu stehen. Haben wir diesen Kontakt? Oder besteht der Kontakt, die Beziehung zwischen dem Bild, das Sie von sich selbst haben, und dem Bild, das Sie von Ihrem Gegenüber haben? Sie haben ein Bild von sich selbst, das heißt Vorstellungen, Ideen und Konzepte, wer Sie sind. Sie haben Ihre höchstpersönlichen Widersprüche und Neigungen – all das fügt sich zu Ihrem Bild von sich selbst zusammen … Sie haben ein Bild von sich, das vom Geist geschaffen wurde, von Ihren Erfahrungen, von der Tradition, den Umständen und allen möglichen Formen des Drucks. Da ist also dieses Bild, das Sie von sich haben, und Ihr Gegenüber hat ebenso ein Bild von sich selbst. Diese beiden Bilder kommen in Kontakt, und das ist es, was wir Beziehung nennen. Ob es sich nun um eine sehr enge Beziehung handelt wie die zwischen zwei Ehepartnern oder um ein Bild, das Sie sich von Russland, Amerika oder Vietnam, von diesem oder jenem machen, der Kontakt zwischen den beiden Bildern ist es, den wir als Beziehung bezeichnen. Bitte hören Sie genau zu. Das sind Beziehungen, wie wir sie kennen.

Sie haben ein Bild von sich, und Sie machen sich ein Bild vom Anderen – ob dieser nun Amerikaner oder Russe oder Chinese oder sonst etwas ist. Sie haben ein Bild von den Pakistanern, von den Hindus, den Indern. Sie haben eine Linie im Kopf, die man Grenze nennt – und die Menschen sind bereit, sich um dieses Bildes willen gegenseitig umzubringen. Ein Bild, das noch verstärkt wird durch eine Flagge, das Nationalgefühl, den Hass und so weiter. Sie sind also bereit – bitte hören Sie genau zu –, einander zu töten um eines Wortes, einer Idee, eines Bildes willen.

Der Mensch hat das Problem des Krieges nicht gelöst. Die erste Frau, der erste Mann müssen geweint und geklagt haben, als die erste Schlacht tobte. Wir weinen heute noch.

10

Um echte Beziehungen einzugehen, müssen wir das Bild zerstören

Eine echte Beziehung herzustellen heißt, dass wir das Bild zerstören müssen. Verstehen Sie, was es heißt, »das Bild zu zerstören«? Es bedeutet, dass Sie Ihr Bild von sich selbst zerstören – dass Sie Hindu sind, ich Pakistani, Muslim, Katholik, Jude oder Kommunist und so weiter. Sie müssen die Maschinerie zerstören, die solche Bilder hervorbringt – die in Ihnen ebenso arbeitet wie in Ihrem Gegenüber. Sonst zerstören Sie nur ein Bild, und die Maschinerie produziert das nächste. Sie müssen also nicht nur die Existenz des Bildes erkennen – also sich bewusst werden, dass es ein solches gibt. Sie müssen auch der Maschinerie gewahr werden, die das Bild erzeugt.

11

Das Bild wird aus Gedanken zusammengesetzt, die wiederum eine Reaktion des Gedächtnisses sind

Vielleicht haben Sie das Wort ja verstanden, haben verstanden, wie das Bild erzeugt wird durch Wissen, Erfahrung, Tradition, durch Anforderungen und Formen des Drucks im Familien- und Arbeitsleben, durch all die Kränkungen – all das erschafft das Bild. Und was ist nun die Maschinerie, die dieses Bild hervorbringt? Verstehen Sie? Das Bild muss zusammengesetzt werden, und es muss zusammengehalten werden, sonst bricht es auseinander. Sie müssen also für sich selbst herausfinden, wie diese Maschinerie funktioniert. Und wenn Sie das Wesen dieser Maschinerie verstanden haben, ihre Bedeutung, dann hört das Bild auf, zu sein – und zwar nicht nur das bewusste Bild, das Sie von sich haben und dessen Sie gewahr sind, sondern auch das Bild tief drinnen in seiner Gesamtheit. Ich hoffe, ich kann klarmachen, wie wichtig das ist.

Man muss eintauchen und herausfinden, wie das Bild ins Dasein gelangt und ob es möglich ist, die Maschinerie anzuhalten, die es erzeugt. Nur dann bestehen echte Beziehungen zwischen den Menschen – nicht zwischen zwei toten Bildern. So einfach ist das.

12

Der Denkende, das »Ich«, schafft die Bilder

Sie schmeicheln mir, Sie respektieren mich. Und ich habe ein Bild von Ihnen, das auf Kränkungen und Schmeichelei beruht. Ich habe Erfahrungen – Schmerz, Tod, Unglück, Konflikte, Hunger, Einsamkeit. All das erzeugt in mir ein Bild. Ich bin dieses Bild. Was nicht heißt, dass ich wirklich dieses Bild bin oder dass dieses Bild und ich verschieden voneinander sind. Denn das »Ich«

ist dieses Bild. Der Denkende ist dieses Bild. Es ist der Denkende, der das Bild hervorbringt. Durch seine – physischen, psychischen, intellektuellen und so weiter – Impulse und Reaktionen erschafft der Denkende, der Beobachter, der Erfahrende dieses Bild mithilfe des Denkens und des Gedächtnisses. Die Maschinerie denkt also. Sie entsteht durch das Denken. Und Denken ist nötig, sonst könnten Sie nicht existieren.

13

Das Denken hat seinen Platz im alltäglichen Leben

Zuerst also müssen Sie das Problem sehen. Das Denken erschafft den Denkenden. Der Denkende macht sich ein Bild von sich selbst. Er ist der Atman. Er ist Gott. Er ist die Seele. Er ist ein Brahmane, und er ist kein Brahmane. Er ist Muslim oder Hindu und was es da sonst noch gibt. Er schafft das Bild und lebt darin. Das Denken ist also der Beginn der Maschinerie. Und Sie werden sagen: »Wie kann ich aufhören zu denken?« Das können Sie nicht. Aber Sie können denken, ohne ein Bild zu erzeugen.

14

Eine Meinung voneinander zu haben heißt nicht, dass da eine Beziehung besteht

Man sieht also, dass der Großteil unserer Beziehungen auf dieser Bildschöpfung beruht. Wenn das Bild einmal da ist, etabliert man eine Beziehung zwischen zwei Bildern oder hofft zumindest darauf. Und natürlich besteht keine Beziehung zwischen den Bildern. Wenn Sie eine Meinung über mich haben und ich eine über Sie, wie können wir da in Beziehung treten? Beziehungen entstehen nur in Freiheit, wenn die Bildschöpfung aufhört – das werden wir in den künftigen Gesprächen noch genauer abhandeln. Nur wenn dieses Bild zerbrochen wird und die Bildschöpfung endet, enden auch die Konflikte, und zwar vollständig. Nur dann kann es Frieden geben, nicht nur in unserer Innen-, sondern auch in der Außenwelt. Erst wenn Sie diesen Frieden im Geist etabliert haben, kann der fortan freie Geist sich weiter vorwärts bewegen, und zwar sehr weit.

Sie wissen, dass es Freiheit nur gibt, wenn im Geist kein Konflikt herrscht. Die meisten Menschen aber leben im inneren Widerspruch, bis sie sterben. Sie hypnotisieren sich selbst. Sie identifizieren sich mit irgendeiner Sache, einem Engagement, einer Philosophie, einer Sekte oder einem Glauben – und Sie identifizieren sich damit so stark, dass Sie durch und durch fasziniert sind und im Grunde schlafwandeln. Die meisten Menschen leben im Konflikt. Das Ende dieses Konfliktes bedeutet Freiheit. Sind Sie konfliktbeladen, gelangen Sie nicht zur Freiheit. Sie können sie suchen, Sie können sie herbeiwünschen, aber Sie werden sie nie finden.

Beziehung heißt also: das Ende der Maschinerie, die die Bilder produziert. Kommt diese Maschinerie an ein Ende, stellen sich echte Beziehungen ein. Und damit das Ende der Konflikte.

TEIL III

WAS IST DER SINN DES LEBENS?

KAPITEL 14

WAS IST DAS LEBEN?

1

Was ist der Sinn des Lebens?

Wenn wir über den Sinn des Lebens sprechen, müssen wir zuerst herausfinden, was wir damit meinen – und zwar nicht die Bedeutung, die uns das Wörterbuch liefert, sondern jene, die wir selbst diesen Worten verleihen. Das Leben umfasst unser alltägliches Handeln, Denken und Fühlen, nicht wahr? Es umfasst die Kämpfe, den Schmerz, die Anspannung, die Illusionen, die Sorgen, die Routine im Büro, im Geschäft, in der Bürokratie und so weiter. All das ist das Leben, oder? Mit Leben meinen wir nicht nur einen Bereich oder eine Schicht unseres Bewusstseins, sondern den gesamten Prozess der Existenz, der in unserer Beziehung zu Dingen, Menschen und Ideen besteht. Das ist es, was wir mit Leben meinen – nicht irgendetwas Abstraktes.

Wenn es das ist, was wir unter Leben verstehen, hat dieses Leben dann einen Sinn? Oder wünschen wir uns einen abstrakten oder konkreten, fernen oder nahen Sinn, weil wir die täglichen Aktivitäten des Lebens nicht verstehen – die alltäglichen Schmerzen, Ängste, Spannungen, Ambitionen und Begierden?

2

Warum wünschen wir uns einen Lebenssinn?

Wir wollen einen Lebenssinn, damit wir unseren Alltag auf ein Ziel hin ausrichten können. Denn das meinen wir offenkundig mit Sinn. Aber wenn ich verstehe, wie ich leben sollte, dann ist das Leben an sich doch schon genug, oder nicht? Wünschen wir uns dann noch einen Sinn? Wenn ich Sie liebe, wenn ich jemand anderen liebe, ist das an sich nicht genug? Wozu brauche ich da noch einen Sinn? Sicher brauchen wir einen Sinn nur dann, wenn es uns an Verständnis mangelt oder wenn wir uns nach einer Verhaltensregel mit einem konkreten Ziel sehnen. Schließlich suchen die meisten von uns einen Weg im Leben, eine Verhaltensmaxime, und wir suchen danach bei anderen Menschen oder in der Vergangenheit oder in unserer Erfahrung. Aber wenn wir in unserem Erfahrungsschatz nach einer Verhaltensregel suchen, dann müssen wir uns doch klarmachen, dass unsere Erfahrung stets konditioniert ist. Wie reich unser Erfahrungsschatz auch sein mag, wenn diese Erfahrungen die Konditionierungen der Vergangenheit nicht aufgelöst haben, dann können neue Erfahrungen die frühere Konditionierung nur verstärken. Das ist eine Tatsache, über die wir sprechen können. Und wenn wir bei anderen Menschen, in der Vergangenheit, bei einem Guru, einem Ideal, einem Vorbild nach einer solchen Verhaltensmaxime suchen, dann zwängen wir die außerordentliche Vitalität des Lebens in eine feste, eine bestimmte Form und verlieren dabei die Geschmeidigkeit, die Intensität und den Reichtum des Lebens.

3

Um den Sinn des Lebens zu finden, muss der Geist frei sein von Maßstäben

Wir müssen uns also darüber klar werden, was wir mit Sinn meinen, wenn es überhaupt einen Sinn gibt. Sie können hier Verschiedenes anführen: die wahre Wirklichkeit zu erreichen oder Gott oder was auch immer Sie wollen. Aber um dorthin zu kommen, müssen Sie das Ziel kennen. Sie müssen seiner gewahr sein, Sie müssen seine Dimensionen, seine Tiefe, seine Bedeutung kennen. Kennen wir die Wirklichkeit aus uns selbst heraus oder kennen wir sie nur durch die Vermittlung von äußeren Autoritäten? Können Sie sagen, der Sinn des Lebens sei es, zur Wirklichkeit zu finden, wenn Sie nicht wissen, was Wirklichkeit ist? Da die Wirklichkeit das Unbekannte ist, muss der Geist, der nach dem

Unbekannten sucht, zuerst frei sein vom Bekannten, oder? Wenn mein Geist verdunkelt ist, weil das Bekannte ihn beschwert, kann er nur nach seinem eigenen Zustand, seinen Begrenzungen Maß nehmen. Daher kann er das Unbekannte nie kennen, nicht wahr?

Was wir hier besprechen und herauszufinden versuchen, ist, ob das Leben einen Sinn hat und ob dieser Sinn irgendwie gemessen werden kann. Er kann jedenfalls nur in den Begriffen des Bekannten gemessen werden, in Begriffen der Vergangenheit. Und wenn ich den Lebenssinn in den Begriffen des Bekannten messe, dann beurteile ich ihn im Hinblick auf meine Zu- und Abneigungen. Daher wird dieser Sinn von meinen Wünschen konditioniert sein, was heißt, dass er nicht mehr der Lebenssinn sein kann. Das ist doch hoffentlich klar? Ich kann den Sinn des Lebens nur durch die Brille meiner Vorurteile, Wünsche und Begierden sehen – anderweitig kann ich ihn nicht beurteilen. Der Maßstab, das Maß, der Meterstab ist also eine Konditionierung meines Geistes. Ich entscheide darüber, was dieser Lebenssinn ist. Aber ist das dann wahrhaft der Sinn des Lebens? Er ist das Produkt meiner Wünsche, daher kann er nicht der wahre Sinn des Lebens sein. Um den Sinn des Lebens zu finden, muss der Geist frei sein von Maßstäben. Nur dann kann er ihn entdecken – andernfalls ist alles nur eine Projektion Ihrer Wünsche. Das ist keine rein intellektuelle Erkenntnis. Wenn Sie sich tiefgehend darauf einlassen, werden Sie erkennen, welche Bedeutung dahintersteht.

4
Nur in der Freiheit findet sich die Wahrheit

Am Ende sind es meine Vorurteile, meine Wünsche, meine Begierden und Vorlieben, die bestimmen, was der Sinn des Lebens für mich ist. Mein Verlangen prägt also diesen Lebenssinn. Und das kann doch nicht wirklich der Sinn des Lebens sein. Was also ist wichtiger: den Sinn des Lebens zu finden oder den Geist von seiner Konditionierung zu befreien, um dann weiterforschen zu können? Wenn der Geist frei ist von seiner eigenen Konditionierung, ist die so erlangte Freiheit vielleicht selbst der Sinn des Lebens. Denn schließlich kann man nur in Freiheit die Wahrheit entdecken.

Das erste Erfordernis ist also Freiheit und nicht die Suche nach dem Sinn des Lebens. Ohne Freiheit lässt sich dieser nicht finden. Wenn wir nicht frei sind von unseren kleinlichen Wünschen, Projekten, Vorstellungen, Neidspielen und Feindseligkeiten – ohne von all dem frei zu sein, wie können wir da den Sinn des Lebens entdecken und erforschen?

5
Wollen wir die wechselseitigen Beziehungen verstehen oder nur unserem Schmerz entgehen?

Wenn jemand also nach dem Sinn des Lebens sucht, ist es dann nicht von entscheidender Bedeutung, herauszufinden, ob das Instrument, das er für seine Suche einsetzt, überhaupt dazu geeignet ist, die Prozesse des Lebens zu durchdringen, die psychische Komplexität unseres Daseins? Denn das ist alles, was wir haben, nicht wahr? Ein psychisches Instrument, das so beschaffen ist, dass es unseren Bedürfnissen entspricht. Und nachdem dieses Instrument aus unseren kleinlichen Wünschen geformt ist, weil es das Resultat unserer Erfahrungen, Sorgen, Anspannungen und Feindseligkeiten ist, kann es tatsächlich zur Wirklichkeit durchdringen? Ist es, wenn Sie auf der Suche nach dem Lebenssinn sind, nicht ratsam, herauszufinden, ob der Nachforschende überhaupt fähig ist, den Sinn des Lebens zu entdecken oder zu verstehen? Ich will hier keineswegs den Spieß umdrehen, aber darum geht es letztlich, wenn wir den Sinn des Lebens erforschen wollen. Wenn wir diese Frage stellen, müssen wir zuerst feststellen, ob die fragende, die forschende Person in der Lage ist, zu verstehen.

Wenn wir also über den Sinn des Lebens sprechen, sehen wir, dass wir mit »Leben« den außerordentlich komplexen Zustand der wechselseitigen Beziehungen meinen, ohne den es kein Leben gäbe. Und wenn wir die volle Bedeutung des Lebens, seiner vielen Ausdrucksformen und Eindrücke nicht begreifen, was soll es dann bringen, nach dem Sinn dieses Lebens zu suchen? Wenn ich meine Beziehung zu Ihnen, zum Besitz, zu verschiedenen Ideen nicht verstehe, wie kann ich dann weiterkommen? Um die Wahrheit oder Gott oder was auch immer zu finden, muss ich zuerst meine Existenz verstehen. Ich muss das Leben in mir und um mich herum begreifen. Sonst wird die Suche nach der Wirklichkeit nur zur Flucht vor dem Alltag. Und da die meisten von uns den Alltag nicht verstehen, weil wir das Leben für Müh' und Plag' halten, für Leiden und Anspannung, sagen wir: »Um Himmels willen, sagen Sie uns, wie wir dem entgehen können.« Das ist es, was die meisten Menschen wollen: eine Droge, die uns schlafen lässt, damit wir die Mühsal des Lebens nicht mehr spüren.

6
Wollen wir das Leben verstehen oder ihm entkommen?

Im Grunde ist unser Leben nur Verwirrung, Chaos, Elend, Leid. Je feinfühliger wir sind, desto stärker die Verzweiflung, die Anspannung, die Schuldgefühle. Natürlich wollen wir dem entkommen, weil wir darauf keine Antwort gefunden haben. Wir wissen nicht, wie wir dieser Verwirrung entgehen können. Wir suchen ein anderes Reich, eine andere Dimension. Wir flüchten uns in Musik, Kunst, Literatur, aber all das sind nur Fluchtwege. Im Vergleich mit dem, was wir suchen, haben diese Dinge keine Realität. Alle Fluchtwege gleichen sich, ob sie nun durch die Kirchenpforte, über Gott, einen Erlöser führen oder hinein in Alkohol und Drogen. Wir müssen nicht nur das Was und Warum unserer Suche verstehen, sondern auch dieses Verlangen nach einer tiefen und bleibenden Erfahrung. Denn nur der Geist, der nicht sucht, der keine wie auch immer geartete Erfahrung anstrebt, kann letztlich in einen anderen Bereich eingehen, in eine vollkommen neue Dimension eintauchen. Das werden wir, so hoffe ich, an diesem Abend versuchen.

Unser Leben an sich ist seicht und ungenügend. Wir wünschen uns etwas anderes, eine größere und tiefere Erfahrung. Gleichzeitig sind wir erstaunlich isoliert. All unser Handeln, unser Denken, unsere Verhaltensweisen führen mitten hinein in diese Isolation, diese Einsamkeit. Und der wollen wir entkommen.

KAPITEL 15

IHRE BEZIEHUNG ZUR NATUR, ZU DEN TIEREN UND DER GANZEN ERDE

1

Wie sieht Ihre Beziehung zur Natur aus?

Ich weiß nicht, ob Sie Ihre Beziehung zur Natur überhaupt wahrnehmen.

Hier gibt es keine »richtige« Beziehung. Sie können diese nur verstehen. Wenn es um eine »richtige« Beziehung geht, dann heißt das, dass wir irgendeine vorgefasste Meinung akzeptieren, wie es beim »richtigen« Gedanken der Fall ist. Richtige Gedanken und rechtes Denken sind zwei verschiedene Dinge. Beim richtigen Gedanken passen wir uns an das Richtige, das Respektable an. Rechtes Denken aber ist Bewegung, ist das Produkt von Einsicht, die sich wiederum ständig ändert. Ähnlich ist der Unterschied zwischen richtigen Beziehungen und der Einsicht in unsere Beziehung zur Natur. Wie sieht unsere Beziehung zur Natur aus? Und die Natur, das sind die Flüsse, die Bäume, die schnell dahinfliegenden Vögel, die Fische im Wasser, die Mineralien unter der Erde, die Wasserfälle ebenso wie die seichten Teiche. Wie sieht unsere Beziehung zu ihnen aus? Die meisten von uns sind dieser Beziehung gar nicht gewahr.

Wir sehen nie einen Baum an. Und wenn wir es tun, dann nur unter dem Gesichtspunkt, ob wir ihn brauchen können – uns in seinen Schatten setzen oder ihn zu Bauholz verarbeiten. Anders ausgedrückt betrachten wir Bäume hinsichtlich ihres Nutzwertes. Wir sehen nie einen Baum an, ohne uns selbst hineinzuprojizieren und ihn für unsere Zwecke zu verwenden. Die Erde und ihre Produkte behandeln wir ganz genauso. Wir kennen keine Liebe zur Erde, wollen sie nur benutzen. Würden wir die Erde wirklich lieben, würden wir sparsam gebrauchen, was sie hervorbringt. Würden wir unsere Beziehung zur Erde verstehen, dann wären wir vorsichtiger bei der Nutzung ihrer Produkte. Die Einsicht in unsere Beziehung zur Natur ist genauso schwierig wie die in unsere Beziehung zu Nachbarn, Partnern und Kindern.

Aber darüber haben wir uns noch nie Gedanken gemacht. Wir setzen uns nie hin, um die Sterne, den Mond oder die Bäume zu betrachten. Wir sind viel zu beschäftigt mit sozialen oder politischen Aktivitäten. Offensichtlich handelt es sich dabei um Fluchten vor uns selbst. Auch die Anbetung der Natur ist eine Flucht vor uns selbst. Wir beuten die Natur immer aus, ob wir sie nun als Fluchtweg benutzen oder für konkrete materielle Zwecke – wir halten einfach nie inne, um die Erde zu lieben oder alles, was sie hervorbringt. Wir erfreuen uns nie an üppigen Feldern, obwohl wir unsere Nahrung und Kleidung von ihnen beziehen. Wir wühlen auch nicht gerne mit den Händen in der Erde – ohnehin schämen wir uns, wenn wir mit den Händen arbeiten. Dabei ist es eine ganz außergewöhnliche Erfahrung, wenn man die Erde mit seinen Händen bearbeitet.

2

Wir haben unsere Beziehung zur Natur verloren

Wir haben also unsere Beziehung zur Natur eingebüßt. Hätten wir diese Beziehung und ihre wahre Bedeutung je verstanden, würden wir keine Aufteilung in deinen und meinen Besitz vornehmen. Auch wenn jemand ein Stück Land besitzen und sich ein Haus darauf bauen kann, wäre es dann nicht mehr ausschließlich »meins« oder »Ihres« – es wäre eher ein Mittel, um uns Obdach zu gewähren. Aber da wir die Erde und ihre Früchte nicht lieben, sondern sie nur verwerten, sind wir nicht sensibel für die Schönheit eines Wasserfalls. Wir haben die Berührung mit dem

Leben verloren. Wir sitzen nie mit dem Rücken gegen einen Baumstamm gelehnt. Und da wir die Natur nicht lieben, wissen wir nicht, wie wir Menschen und Tiere lieben können. Gehen Sie nur in einen beliebigen Stall und schauen Sie, wie die Kühe dort gehalten werden, wie schmutzig ihr Hinterteil ist. Dann werden Sie den Kopf schütteln und das Ganze nur noch traurig finden. Aber wir haben diese Zärtlichkeit verloren, diese Sensibilität in der Reaktion auf schöne Dinge. Erst wenn wir diese Sensibilität wiedererlangen, werden wir Einsicht in unsere wahre Beziehung zur Natur gewinnen. Diese Sensibilität entsteht nicht, wenn Sie ein paar Fotos betrachten oder einen Baum malen oder sich ein paar Blumen ins Haar stecken. Sie lebt nur dann auf, wenn Sie diesen auf den Nutzwert gerichteten Blick ablegen. Das heißt nicht, dass Sie die Erde nicht nutzen dürfen, aber Sie müssen die Erde so nehmen, wie sie ist, und sie dann nutzen.

3

Es ist unsere Welt – nicht Ihre oder meine

Dies ist unsere Welt, nicht wahr? Unsere Erde, nicht die der Geschäftsleute oder der Armen. Es ist unsere Erde. Nicht die Welt der Kommunisten oder Kapitalisten. Es ist unsere Welt, in der wir leben und die wir genießen, um glücklich zu sein. Das ist die erste Notwendigkeit, dieses Gefühl – das nicht sentimental ist, sondern den Tatsachen entspringt, weil da eine Liebe ist und eben das Gefühl, dass die Welt »unser« ist. Ohne dieses Gefühl sind Gesetze oder gewerkschaftlich ausgehandelte Löhne oder

Arbeiten für den Staat – der letztlich auch eine Art Chef ist – ohne Belang, denn wir sind dann nur Angestellte, entweder beim Staat oder in einem Unternehmen. Haben wir hingegen das Gefühl, dass es hier um »unsere Erde« geht, dann fällt die Trennung zwischen Arbeitnehmern und Arbeitgebern weg, das Gefühl, dass es da einen Chef gibt und der andere der Angestellte ist. Haben wir hingegen nicht das Gefühl des »Unsrigen«, dann ist jeder nur noch Einzelkämpfer. Jede Nation, jede Gruppierung, jede Partei, jede Religion kämpft nur noch für sich selbst. Wir sind menschliche Wesen, die auf dieser Erde leben. Es ist unsere Erde, die wir lieben, schaffen und bewahren sollten. Ohne dieses Gefühl wollen wir unbedingt eine neue Welt haben. Und wir machen alle möglichen Experimente – Gewinne teilen, verpflichtende Arbeitseinsätze, Gewerkschaftsverhandlungen, Eingriffe durch den Gesetzgeber, Druck und Nötigung –, wir probieren jede Form von Zwang und Überzeugung aus …

Es gibt ja unzählige Möglichkeiten. Aber ohne dieses außergewöhnliche Gefühl, dass wir zu einer Menschheit gehören, dass dies unsere Erde ist, werden Gesetze oder Zwang oder Überzeugungsarbeit nur zu mehr Zerstörung und mehr Elend führen.

4

Wenn wir Nahrung, Kleidung und Obdach für alle wollen, braucht es eine psychische, keine politische Revolution

Um für eine gerechte Verteilung von Nahrung, Kleidung und Obdach zu sorgen, braucht es eine ganz andere Art der sozialen Organisation. Getrennte Nationalitäten und ihre souveränen Regierungen, Machtblöcke und widerstreitende ökonomische Strukturen, aber auch das Kastensystem und die organisierte Religion: Sie alle behaupten, dass ihre Organisationsform die einzig wahre sei. Dabei muss all dies aufhören, was heißt, dass die ganze hierarchische, autoritäre Haltung gegenüber dem Leben ein Ende haben muss …

Das ist letztlich eine psychische Revolution, und diese ist nötig, wenn es den Menschen in aller Welt nicht am materiell Notwendigen fehlen soll. Die Erde ist unser. Sie ist nicht englisch, russisch oder amerikanisch. Sie gehört keiner ideologischen Gruppierung. Wir sind Menschen, keine Hindus, Buddhisten, Christen oder Muslime.

5

Liebe, die Schönheit der Erde, ist die Antwort auf jedes Problem

Sehen Sie sich selbst an. Betrachten Sie dieses Blatt. Schauen Sie die Schönheit des Sonnenuntergangs an, die Schönheit der Erde, des Hügels, seines geschwungenen Kamms oder des fließenden Wassers. Betrachten Sie die Schönheit eines feinen, verfeinerten Geistes, eines guten Geistes, die Schönheit eines Gesichts oder eines Lächelns. Sie haben all das verleugnet, weil Sie Schönheit mit Genuss und Genuss mit Sex und der sogenannten Liebe vermischt haben.

Aber das ist keine Schönheit. Schönheit hat nicht nur mit Lust zu tun. Um die Schönheit zu verstehen, brauchen wir einen unglaublich einfachen Geist – einen Geist, der nicht von Gedanken verdunkelt wird, der die Dinge sieht, wie sie sind, der den Sonnenuntergang mit seinen Farben, seiner Lieblichkeit, seinem Licht anschauen kann – einfach nur schauen, ohne alle Worte. Der sich mit diesem Sonnenuntergang wortlos verbinden kann, ohne Gesten, ohne Erinnerung, damit es keine Zweiteilung gibt zwischen »dir« und dem, was »du« betrachtest. Diese außerordentliche Verbundenheit ohne Objekt, ohne Denker und Gedanken, Objekt und Erfahrung, dieses Gespür für den grenzenlosen Raum – das ist Schönheit. Und Liebe. Sie können tun, was Sie wollen – Sozialarbeit, soziale Reformen, eine parlamentarische Regierung wählen, heiraten, Kinder bekommen –, ohne Liebe werden Sie trotzdem keine Antwort auf die Probleme des Lebens finden. Mit Liebe können Sie hingegen machen, was immer Ihnen in den Sinn kommt. Denn mit der Liebe entstehen Tugend und Demut.

6

Tiere töten

Das Problem ist das Töten überhaupt, nicht nur das Töten von Tieren, um sie zu essen. Ein Mensch ist nicht tugendhaft, weil er kein Fleisch isst. Oder weniger tugendhaft, weil er das tut. Der Gott eines kleinlichen Geistes ist ebenso kleinlich. Denn dessen Kleinlichkeit bemisst sich nach der Kleinlichkeit der Menschen, die Blüten vor seinen Füßen ausstreuen. Im Großen und Ganzen aber haben wir es mit den vielen, scheinbar isolierten Problemen zu tun, die der Mensch in seiner Innen- und Außenwelt geschaffen hat. Das Töten ist ein großes und komplexes Problem. Sollen wir uns das ansehen?

Es gibt viele Formen des Tötens. Sie können mit einem Wort oder einer Geste töten, aus Angst oder Zorn, für ein Land oder eine Ideologie, für bestimmte wirtschaftliche oder religiöse Dogmen …

Mit einem einzigen Wort oder einer Geste können Sie den Ruf eines Menschen zerstören. Durch Klatsch, üble Nachrede und Verachtung können Sie diesen Menschen auslöschen. Und töten denn nicht auch Vergleiche? Bringen Sie einen Jungen nicht um, indem Sie ihn mit einem anderen vergleichen, der cleverer oder geschickter ist? Ein Mensch, der aus Hass oder Wut tötet, gilt als Verbrecher und wird zum Tode verurteilt. Wer aber im Namen seines Landes Tausende Menschen mit einem Bombenhagel vom Angesicht der Erde löscht, wird hoch geehrt und ausgezeichnet. Man sieht in ihm einen Helden. Das Töten breitet sich weltweit aus. Eine Nation wird ausgelöscht, damit eine andere sich sicherer fühlt oder expandieren kann. Tiere werden getötet, um sie zu essen, um Profit aus ihnen zu schlagen, oder für den sogenannten Sport. Sie werden zu Tierversuchen herangezogen, damit es dem Menschen »besser« geht. Soldaten existieren nur, um zu töten. Und man macht Riesenfortschritte darin, in wenigen Sekunden und auf große Distanz riesige Menschenmengen umzubringen. Viele Wissenschaftler sind damit beschäftigt, Priester segnen Bomber und Kriegsschiffe. Aber wir töten auch Kohl und Karotten, um sie zu essen. Wir töten Ungeziefer. Wo ziehen wir die Grenze zwischen Töten und Nicht-Töten?

Hier geht es also nicht nur um das Töten oder Nicht-Töten von Tieren, sondern um die Grausamkeit und den Hass, die in der Welt und in uns Tag für Tag zunehmen. Das ist doch das eigentliche Problem, nicht wahr?

7

Teil des Ganzen sein

An jenem Nachmittag stand die Sonne über der Wiese und schien über die großen, dunklen Bäume, die sie einsäumten, stattlich und grün, ohne jede Bewegung. Mit deinen Sorgen und inneren Dialogen, mit deinem Geist und deinen Augen, die ruhelos herumwanderten, hast du dich nur gefragt, ob dich auf dem Rückweg der Regen erwischen würde. Du hattest ein Gefühl, als wärst du ein Eindringling, nicht erwünscht. Und doch wurdest du schnell zu einem Teil des Ganzen, Teil der verzauberten Einsamkeit. Es war nicht ein Vogel hier. Die Luft stand vollkommen still, und die Baumspitzen ragten reglos in den blauen Himmel. Die saftig grüne Wiese war zum Mittelpunkt der Welt geworden, und als du dich auf diesen Felsen setztest, warst du Teil dieses Mittelpunktes. Das war keine Einbildung. Einbildung ist dumm. Du hast ja nicht versucht, dich mit dem, was so unglaublich schön und offen war, zu identifizieren. Identifikation ist Eitelkeit. Du wolltest dich auch nicht vergessen und verlieren in dieser unberührten Einsamkeit der Natur. Das selbstvergessene Sich-Verlieren ist Arroganz. Es war auch nicht der Schock oder der Zwang dieser unfassbaren Reinheit. Jeder Zwang leugnet nur das Wahre. Du konntest nichts tun, um dich zu einem Teil dieses Ganzen zu machen oder dir zu dieser Erfahrung zu verhelfen. Aber du warst ein Teil davon, Teil der grünen Wiese, des harten Felsens, des blauen Himmels und der stattlichen Bäume. So war es.

Vielleicht erinnerst du dich daran, aber dann wärst du nicht wirklich ein Teil davon. Und wenn du das wiederhaben wolltest, würdest du es nicht finden.

KAPITEL 16

GOTT, DAS UNIVERSUM UND DAS UNBEKANNTE

1

Was ist ein religiöser Geist?

Der religiöse Geist ist nicht der Geist, der glaubt, der täglich oder wöchentlich in die Kirche geht. Es ist nicht der Geist, der einen Glauben hat, der an Dogmen und abergläubische Vorstellungen gebunden ist. Der religiöse Geist ist eigentlich ein wissenschaftlicher Geist – wissenschaftlich in dem Sinne, dass er Fakten beobachten kann, ohne sie zu verdrehen, dass er sich selbst so sehen kann, wie er ist. Frei von der eigenen Konditionierung zu sein erfordert nicht etwa einen gläubigen oder akzeptierenden Geist, sondern einen, der sich selbst rational und vernünftig beobachten kann. Der die Tatsache erkennt, dass es keine Unschuld geben kann, wenn man die psychische Struktur der Gesellschaft – also das »Ich« – nicht vollkommen aufbricht. Und ohne Unschuld kann ein Geist nicht religiös sein.

2

Worte und Überzeugungen sind nicht Gott

Der religiöse Geist ist nicht bruchstückhaft. Er teilt das Leben nicht in Schubladen ein. Er begreift die Totalität des Lebens – dieses Lebens voller Sorgen und Schmerz, voller Freude und vorübergehender Befriedigung. Da er von psychischen Strukturen wie Ehrgeiz, Gier, Neid, Konkurrenzgefühlen und von allem Verlangen nach »mehr« frei ist, befindet sich der religiöse Geist in einem Stadium der Unschuld. Nur solch ein Geist kann über sich hinausgehen, nicht der Geist, der einfach nur an ein Jenseits glaubt oder irgendwelche Hypothesen über Gott aufstellt.

Das Wort ist nicht Gott. Die Vorstellung, die Sie von Gott haben, ist nicht Gott. Um herauszufinden, ob es etwas gibt, was man Gott nennen könnte, müssen alle verbalen Konzepte und Ausdrücke, alle Ideen, alle Gedanken – die nur eine Reaktion des Gedächtnisses sind – ein absolutes Ende finden. Nur dann stellt sich der Zustand der Unschuld ein, in dem es keine Selbsttäuschung gibt, kein Verlangen, keinen Wunsch nach einem bestimmten Resultat. Dann finden Sie für sich selbst heraus, was wahr ist …

Sie können das Wasser des Ozeans nicht in einem Tuch festhalten oder den Wind in der Faust fangen. Aber Sie können dem tiefen Murmeln des Sturms lauschen, der Allgewalt des Meeres. Sie können die enorme Macht des Windes spüren, seine Schönheit und seine zerstörerische Kraft. Denn Sie müssen das Alte vollständig auslöschen, damit etwas Neues entstehen kann.

3

Freiheit vom Bekannten

Sie können über das Unbekannte nicht sprechen. Kein Wort, kein Konzept kann es je in den Rahmen des Bekannten hereinholen. Das Wort ist nicht die Sache, die es bezeichnet. Diese Sache muss ohne Wort gesehen werden. Und das ist außerordentlich schwierig: etwas mit den Augen der Unschuld sehen. Mit den Augen der Liebe – einer Liebe, die nicht vergiftet wurde durch Eifersucht, Hass, Wut, Anhaftung und Besitzdenken. Wir müssen mit der Anhaftung, dem Besitzdenken, der Eifersucht, dem Neid sterben – sterben ohne Grund, ohne Ursache, ohne Veranlassung. Nur dann kann in dieser Freiheit vom Bekannten das Andere sein.

4

Meditation hat nichts mit Mantras, Gebeten, Ritualen oder anderen Formen von Rauschmitteln zu tun

Meditation stellt sich nicht ein, weil man Worte wiederholt, auch wenn die Hindus sie Mantra nennen und Sie von Gebeten sprechen. Gebete und Mantras schläfern den Geist nur ein. Indem Sie eine Reihe von Worten wieder und wieder sprechen, können Sie sich wunderbar einschläfern – und das machen viele von uns.

In dieser eingeschläferten Verfassung glauben wir dann, einen außergewöhnlichen Zustand erreicht zu haben, aber mit Meditation hat das nichts zu tun. Sie betäuben sich nur mit Worten. Sie können sich auch mit chemischen Stoffen betäuben oder mit dem Trinken und auch sonst auf vielerlei Art. Aber das ist nun mal keine Meditation.

Meditation ist wirklich etwas Außergewöhnliches, etwas, was Sie jeden Tag praktizieren sollten. Aber Meditation ist nicht verschieden vom Leben. Sie ist nichts, was man morgens tun sollte und dann für den Rest des Tages vergessen kann – oder woran man sich erinnert, damit es uns als Leitfaden für das Leben dient. Auch das ist keine Meditation.

Meditation ist das Gewahrsein jedes einzelnen Gedankens, jedes Gefühls, jeder Handlung. Und dieses Gewahrsein stellt sich nur ein, wenn es keine Bewertungen gibt, keine Urteile, keine Vergleiche. Sehen Sie nur einfach alles so, wie es ist. Und das heißt, dass Sie Ihrer eigenen bewussten und unbewussten Konditionierung gewahr werden …

Meditation geht über all dieses unreife Denken hinaus. Meditation ist ein Zustand des Gewahrseins, in dem die Aufmerksamkeit jeden Gedanken und jedes Gefühl erreicht. Und aus dieser Aufmerksamkeit erwächst dann die Stille – nicht die Stille der Disziplin und Kontrolle. Stille, die durch Disziplin und Kontrolle erzielt wird, ist die Stille des Verfalls, des Todes. Aber es gibt eine Stille, die sich ganz natürlich und mühelos einstellt, ohne dass Sie sie überhaupt bemerken. Dann nämlich, wenn es in der Aufmerksamkeit keinen Erfahrenden gibt, keinen Beobachter, keinen Denkenden. Diese Stille ist wahre Unschuld, und in dieser Stille kann das Unbekannte kommen, ohne dass Sie es suchen und anstreben müssten.

5

Das Leben hat keine Antwort

Das Leben hat keine Antwort. Es hat nur eines, nur ein Problem – und das ist das Leben selbst. Ein Mensch, der total, vollkommen jede Minute lebt, ohne zu wählen, der die Dinge, wie sie sind, weder annimmt noch zurückweist, solch ein Mensch sucht keine Antwort. Er fragt nicht nach dem Sinn des Lebens oder sucht einen Weg heraus. Das aber erfordert große Einsicht in sich selbst. Ohne Selbsterkenntnis hat es keinen Sinn, eine Antwort zu suchen, denn dann ist die Antwort nur das, was am befriedigendsten, am angenehmsten ist. Das ist es, was die meisten von uns wollen. Wir wollen befriedigt werden. Wir wollen einen sicheren Ort, einen Himmel ohne Störungen. Aber solange wir suchen, wird das Leben Störungen aufweisen.

6

Sie können nicht als Bettler zur Wahrheit gelangen

Wenn Sie beten, ist dies offensichtlich ein Akt des Willens. Sie wollen, Sie bitten, Sie tragen Ihr Anliegen vor. Weil Sie in Verwirrung, Elend und Leid leben, bitten Sie jemanden, Ihnen Wissen und Trost zu spenden, und Sie fühlen sich getröstet. Der Bittende erhält gewöhnlich, worum er bittet, aber was er bekommt, ist möglicherweise nicht die Wahrheit. Ja, meist ist es nicht die Wahrheit. Sie können als Bettler nicht zur Wahrheit gelangen. Die Wahrheit muss zu Ihnen kommen. Nur dann sehen Sie die Wahrheit, nicht wenn Sie darum bitten. Aber wir sind Bettler. Wir bitten stets um Trost. Wir suchen einen Zustand, in dem wir nicht gestört werden …

7

Über das Höhere Selbst nachzudenken ist keine Meditation

Über das Höhere Selbst nachzudenken ist keine Meditation. Meditation heißt, dass Sie der Aktivitäten des Geistes gewahr sind – des Geistes, der meditiert; des Geistes, der zwischen dem Meditierenden und der Meditation trennt; des Geistes, der zwischen Denker und Gedachtem trennt, wobei der Denkende die Gedanken beherrscht, sie kontrolliert und formt. In uns allen steckt der Denker, der sich vom Gedanken trennt. Der Denker ist das Höhere Selbst geworden, das edlere Selbst, der Atman oder was auch immer Sie wollen. Aber es handelt sich immer noch um den Geist, der zwischen Denkendem und Gedachtem trennt. Der Geist, der das Denken im Fluss der Vergänglichkeit erlebt, schafft den Denkenden als etwas Dauerhaftes, den Atman, der beständig, absolut und endlos ist.

8

Der stille, leere Geist

Die Verfeinerung des Geistes, das Entwickeln von Tugend ist also nicht weiter wichtig. Das hat nichts mit dem Leeren des Geistes zu tun, das nötig ist, um zum Ewigen vorzudringen. Der Geist muss leer sein, um es empfangen zu können.

Das, was ohne Maß ist, kann nur dann ins Dasein treten, wenn der Geist nicht länger fordert, nicht länger betet, bittet, bettelt. Sie können es nicht einladen, es stellt sich nur ein, wenn der Geist frei ist, frei von Gedanken. Das Ende des Denkens ist die Meditation. Damit das Unbekannte sein kann, muss Freiheit vom Bekannten eintreten. Das ist Meditation. Und das lässt sich nicht durch Tricks oder durch eine bestimmte Praxis herbeiführen. Praxis, Disziplin, Unterdrückung, Leugnen, Opfern – all das stärkt nur den Erfahrenden. Diese Dinge geben ihm die Macht, sich selbst zu kontrollieren. Aber diese Macht ist zerstörerisch. Erst wenn der Geist sich weder als Erfahrender noch als Erfahrung erlebt, kann sich die Glückseligkeit einstellen, die man nicht anstreben kann, die nur dann entsteht, wenn der Geist still und frei ist.

9

Alle Menschen sind zur Meditation fähig, nicht nur einige wenige

Als Menschen besitzen wir die Fähigkeit, Dinge zu erforschen, sie zu entdecken, und dieser Prozess ist Meditation. Meditation ist der forschende Blick ins Dasein des Meditierenden … Wir fürchten uns ja nicht vor dem Unbekannten, sondern davor, das Bekannte loszulassen. Nur wenn der Geist dem Bekannten zu verblassen erlaubt, kommt es zur Freiheit vom Bekannten. Und dann ist es möglich, dass der neue Impuls sich einstellt.

10

Gott kann nicht gefangen und in einen Käfig gesteckt werden

Sie wollen Gott fangen und ihn in den Käfig des Bekannten stecken, den Sie Tempel nennen, die heilige Schrift, den Guru oder das System. Das, womit Sie zufrieden sind. Und Sie glauben, dass Sie sehr religiös sind, wenn Sie das tun. Weit gefehlt.

11

Die Beziehung zu Gott heißt Verantwortung für alle

Ein religiöser Mensch sucht nicht nach Gott. Er kümmert sich vielmehr um die Transformation der Gesellschaft, die er mit ausmacht. Ein religiöser Mensch ist niemand, der ständig Rituale vollzieht, Traditionen folgt, in einer toten, vergangenen Kultur lebt und ständig erklärt, was die Bhagavad Gita oder die Bibel bedeutet. Ein Mensch, der endlos chantet oder Sannyasa (Entsagung) übt. Das sind keine religiösen Menschen. Sie suchen nur einen Fluchtweg vor den Tatsachen. Ein religiöser Mensch kümmert sich einzig um das Verständnis der Gesellschaft, das heißt seiner selbst. Solche Menschen sind nicht von der Gesellschaft getrennt. In sich selbst einen vollkommenen Wandel zu bewirken heißt: das vollkommene Ende von Gier, Neid, Ehrgeiz. Ein solcher Mensch ist nicht abhängig von den Umständen, obwohl er das Ergebnis dieser Umstände ist – der Nahrung, die er verzehrt; der Bücher, die er liest; der Filme, die er ansieht; der religiösen Dogmen, Glaubenssätze, Rituale und all dieser Dinge. Solche Menschen sind verantwortungsbewusst, daher muss ein religiöser Mensch sich selbst verstehen als Produkt der Gesellschaft, die er mitgeschaffen hat. Um der Wirklichkeit zu begegnen, muss er hier anfangen, nicht in einem Tempel, nicht mit einem Bild – ob das Bild nun mit der Hand oder mit dem Geist geschaffen wurde. Wie sollte er sonst etwas ganz und gar Neues finden, einen neuen Zustand?

12

Religion ist das Gefühl des Gutseins

Wissen Sie, was Religion ist? Religion hat nichts mit Chanten zu tun, mit Pujas oder anderen Ritualen, nichts mit Götterfiguren aus Bronze oder Stein, nichts mit Tempeln oder Kirchen, nichts mit dem Studium der Bibel oder der Bhagavad Gita, nichts mit der Wiederholung heiliger Namen oder mit abergläubischen Riten, die die Menschen ersonnen haben. Nichts davon ist Religion.

Religion ist das Gefühl des Gutseins, der Liebe, die wie der Fluss ist: lebendig und in steter Bewegung. In diesem Zustand werden Sie auf einen Moment stoßen, in dem es keine Suche mehr gibt. Und mit diesem Ende der Suche beginnt etwas völlig anderes. Die Suche nach Gott, der Wahrheit, das Gefühl, vollkommen gut zu sein – nicht die Entwicklung von Güte und Demut, sondern das Streben nach etwas, das über die Machinationen und Tricks des Geistes hinausgeht. Und das heißt, ein Gefühl für diese Sache zu haben, darin zu leben, darin zu sein – das ist wahre Religion. Aber das bringen Sie nur zuwege, wenn Sie den Tümpel verlassen, den Sie sich selbst gegraben haben, und sich dem Fluss des Lebens überlassen. Dann wird offenbar, dass das Leben sich auf erstaunliche Weise Ihrer annimmt, weil Sie selbst eben nichts mehr dafür tun. Das Leben trägt Sie dorthin, wo es Sie haben will, weil Sie ein Teil von ihm sind. Dann haben Sie keine Probleme mehr mit der Sicherheit, damit, was die Leute sagen oder nicht sagen. Und das ist das Schöne am Leben.

STICHWORTVERZEICHNIS

QUELLENANGABEN

Die Textabschnitte in diesem Buch sind einzelnen Büchern entnommen. Zitiert wurden:

BOL: *The Book of Life*, Harper Collins 1995, Krishnamurti Foundation of America, 1995, unten angegeben als BOL.

CL: *Commentaries on Living*, Krishnamurti Foundation of America, Bd. I 1956, Bd. II 1959, Bd. III 1960.

CW: *The Collected Works of J. Krishnamurti*, Krishnamurti Foundation of America, 1991.

ESL: *Education and the Significance of Life*, Krishnamurti Foundation of America, 2010.

FLF: *The First and Last Freedom*, Krishnamurti Foundation of America, 2013.

LA: *Life Ahead: On Learning and the Search for Meaning*, Krishnamurti Foundation of America, 2005.

MWM: *Mind Without Measure*, Krishnamurti Foundation Trust, 1983.

SKR: *The Second Krishnamurti Reader*, Penguin Arkana 1991, Krishnamurti Foundation Trust, 1970/71.

TOTT: *Think on These Things*, Krishnamurti Foundation of America, 1964.

ANMERKUNGEN

TEIL I

Kapitel 1

1. MWM, Kap. 10, S. 79.
2. FLF, Kap. 14, S. 104 f.
3. CW, Bd. 17, S. 7.
4. CW, Bd. 5, S. 335.
5. Ebd.
6. BOL, 16. März.
7. CW, Bd. 5, S. 231.
8. Ebd.
9. Ebd.
10. FLF, Frage 9, S. 180 f.
11. CW, Bd. 3, S. 159 f.
12. CW, Bd. 8, S. 337 f.

Kapitel 2

1. SKR, Kap. 1, S. 74.
2. CW, Bd. 17, S. 202 f.
3. FLF, Frage 22, S. 232 f.
4. FLF, Frage 21, S. 227 ff.
5. CL, Bd. III, Kap. 53, S. 294.
6. CW, Bd. 16, S. 215.
7. CW, Bd. 10, S. 244.
8. Ebd., S. 244 f.
9. Ebd., S. 245.
10. CW, Bd. 14, S. 99 f.
11. Ebd., S. 100.
12. CW, Bd. 15, S. 59 f.

13. SKR, Kap. 18, S. 238 ff.
14. ESL, Kap. 7, S. 117 f.
15. FLF, Frage 21, S. 228 f.

Kapitel 3

1. CW, Bd. 16, S. 119.
2. Ebd., S. 119 f.
3. Ebd., S. 120.
4. SKR, Kap. 31, S. 296 f.
5. CW, Bd. 5, S. 216.
6. Ebd., S. 217 f.
7. Ojai, Zweite Fragestunde, 24. Mai 1984.
8. Ojai, Zweiter öffentlicher Vortrag, 3. Mai 1981.
9. CW, Bd. 15, S. 1 f.
10. CW, Bd. 6, S. 80.
11. CW, Bd. 7, S. 104.

Kapitel 4

1. Europa, Fünfter öffentlicher Vortrag, 30. April 1967.
2. CW, Bd. 15, S. 90.
3. CW, Bd. 6, S. 57.
4. CW, Bd. 4, S. 177.

Kapitel 5

1. Bombay, Fragestunde, 9. Februar 1984.
2. Brockwood Park, Zweite Fragestunde, 2. September 1982.
3. Ebd.
4. CW, Bd. 5, S. 175 f.
5. Bisher unveröffentlichtes Material.

Kapitel 6

1. LA, Teil 1, S. 22 ff.
2. ESL, Kap. 5, S. 83 f.
3. Ebd., S. 92 ff.
4. Ebd., S. 94 ff.
5. CW, Bd. 9, S. 155.

Kapitel 7

1. CW, Bd. 8, S. 278.
2. Ebd., S. 278 f.
3. Ebd., S. 279.
4. Ebd., S. 280 f.
5. Ebd., S. 281.
6. ESL, Kap. 6, S. 98.
7. Ebd., S. 98 f.
8. Ebd., S. 99 f.
9. Ebd., S. 101 f.
10. Ebd., S. 103 f.

Kapitel 8

1. CW, Bd. 9, S. 136.
2. Ebd.
3. Ebd., S. 136.
4. Ebd., S. 138.
5. Ebd., S. 138.
6. Ebd., S. 139.
7. Ebd.
8. CW, Bd. 5, S. 334.
9. Ebd.
10. CW, Bd. 14, S. 129.
11. Ebd., S. 130 ff.
12. Ebd., S. 134 f.

TEIL II

Kapitel 9

1. CW, Bd. 15, S. 49 f.
2. FLF, Kap. 3, S. 36 f.
3. CW, Bd. 5, S. 50.
4. CW, Bd. 17, S. 175 f.
5. Ebd., S. 176.
6. Ebd., S. 174.

7. CW, Bd. 12, S. 144.
8. CW, Bd. 14, S. 131.

Kapitel 10

1. CW, Bd. 17, S. 100.
2. CW, Bd. 7, S. 130.
3. CW, Bd. 6, S. 140.
4. CW, Bd. 17, S. 164, 163.
5. Ebd., S. 165.
6. Ebd., S. 156 ff.

Kapitel 11

1. CW, Bd. 17, S. 33 f.
2. Ebd., S. 36 f.
3. Ebd., S. 37.
4. CW, Bd. 15, S. 326 f.
5. CW, Bd. 5, S. 62.
6. Ebd., S. 63 f.
7. CW, Bd. 15, S. 322.
8. Ebd., S. 322 f.

Kapitel 12

1. CL, Bd. II, Kap. 44, S. 185.
2. Ebd., S. 185 f.
3. Ebd., S. 186.
4. CW, Bd. 3, S. 217.
5. Ebd., S. 217 f.
6. Ebd., S. 218.

Kapitel 13

1. CW, Bd. 5, S. 10.
2. Ebd.
3. Ebd., S. 10 f.
4. CW, Bd. 3, S. 218 f.
5. Ebd., S. 219.
6. Ebd.
7. CW, Bd. 16, S. 43.

8. Ebd.
9. Ebd., S. 43 f.
10. Ebd., S. 45.
11. Ebd.
12. Ebd., S. 46.
13. Ebd.
14. Ebd.

TEIL III

Kapitel 14

1. CW, Bd. 5, S. 19 f.
2. Ebd., S. 20.
3. Ebd.
4. Ebd., S. 21.
5. Ebd.
6. CW, Bd. 16, S. 182.

Kapitel 15

1. CW, Bd. 5, S. 142.
2. Ebd.
3. CW, Bd. 8, S. 186.
4. CL, Bd. III, Kap. 11, S. 44.
5. CW, Bd. 15, S. 26.
6. CL, Bd. III, Kap. 32, S. 166 f.
7. CL, Bd. III, Kap. 34, S. 176.

Kapitel 16

1. CW, Bd. 13, S. 208.
2. Ebd., S. 208 f.
3. Ebd., S. 210.
4. Ebd., S. 210 f.
5. CW, Bd. 8, S. 184.
6. Ebd., S. 192.
7. Ebd.
8. Ebd., S. 193 f.

9. CW, Bd. 10, S. 255.
10. Ebd., S. 272.
11. CW, Bd. 15, S. 90 f.
12. TOTT, Kap. 17, S. 142 f.

ÜBER KRISHNAMURTI

Jiddu Krishnamurti wurde am 12. Mai 1895 in Madanapalle in Südindien geboren. Von 1929 bis zu seinem Tod 1986 reiste er durch die Welt und hielt spontane Vorträge vor großen Menschenmengen. Er führte Dialoge mit religiösen Häuptern, Wissenschaftlern, Professoren, Schriftstellern, Psychologen, Computerexperten und Menschen mit den verschiedensten Hintergründen. Dabei half er ihnen, ihr Leben gründlich zu durchleuchten. Seine Reden und Dialoge wurden gesammelt und in mehr als 75 Büchern herausgegeben. Diese wiederum wurden in zahlreiche Sprachen übersetzt. Auf Deutsch erschienen zum Beispiel: *Das Wesentliche ist einfach*, *Vertrauen zum Leben. Ein Beitrag zur Erziehung*, *Was machst du aus deinem Leben?*, *Mensch sein* und *Schöpferische Freiheit.*

Krishnamurti fühlte sich keiner Kaste, Nationalität, Religion oder Tradition zugehörig. Die Ablehnung aller spirituellen und psychologischen Autorität, auch seiner eigenen, ist wesentlich für sein Werk. Er selbst schreibt dazu:

Wir müssen uns das von Anfang an klarmachen. Es wird kein Glaube verlangt oder vorausgesetzt. Es gibt keine Schüler,

> *keinen Kult, keine Überzeugungen, gleich welcher Natur oder Richtung. Nur dann können wir uns auf einer Ebene begegnen, auf einem Terrain und auf Augenhöhe. Dann können wir gemeinsam die außerordentlichen Erscheinungen beobachten, die das menschliche Leben ausmachen.*

Im Spiegel der Beziehungen (zu Menschen und Dingen, zur Natur und uns selbst) kann jeder von uns die Inhalte seines Bewusstseins begreifen und erkennen, dass sie allen Menschen gemeinsam sind. Unsere gewaltbetonte, konfliktbelastete Welt, so Krishnamurti, kann durch politische, soziale oder wirtschaftliche Maßnahmen nicht zu einem Leben in Güte, Liebe und Mitgefühl führen. Dieser grundlegende Wandel kann nur durch die Beobachtung unser selbst gelingen – durch ein Verständnis aus erster Hand, das nicht von Gurus, Systemen oder organisierten Religionen abhängt. 1929 schrieb Krishnamurti:

> *Die Wahrheit ist ein pfadloses Land. Sie können ihr nicht auf bestimmten Wegen nahekommen, mittels Religionen oder Sektenzugehörigkeit. Die Wahrheit ist grenzenlos, frei von Konditionierungen, und sie erschließt sich nicht durch irgendwelche Pfade. Sie kann nicht organisiert werden, und man sollte keine Organisationen gründen, die Menschen zu einem bestimmten Pfad hinführen oder nötigen. Mein einziges Anliegen ist es, die Menschheit absolut und bedingungslos frei zu machen. Aber der Mensch kann diese Freiheit nicht erlangen durch Glaubensformen, Dogmen, Priester oder Rituale. Auch nicht durch philosophisches*

Wissen oder psychologische Techniken. Er muss die Inhalte seines Geistes selbst verstehen, und zwar durch Beobachtung, nicht durch intellektuelle Analysen oder Zergliederung seines Innenlebens.

ANHANG

Informationen für den deutschsprachigen Raum:
Krishnamurti-Forum
c/o Arbeitskreis für freie Erziehung e. V.
E-Mail: *buero@akffeev.de*
Web: *www.jkrishnamurti.de*

Weitere Informationen zu Krishnamurti:
Krishnamurti Foundation Trust
Brockwood Park
Bramdean, Hampshire
SO24 0LQ England
Tel: +44 (0) 1962 771 525
E-Mail: *info@kfoundation.org*
Web: *www.kfoundation.org*

In Brockwood Park unterhält die Foundation ein internationales Internat für Schülerinnen und Schüler ab 14 Jahren sowie ein ganzjährig geöffnetes Studienzentrum für Gäste aus der ganzen Welt.

Es gibt weitere Schulen und Studienzentren in Kalifornien und Indien.

Was machst du aus deinem Leben?

J. Krishnamurti

Wer bin ich? Was erwarte ich vom Leben? Und was macht mich eigentlich aus? Einer der größten philosophischen Lehrer der Welt zeigt uns seine inspirierende Weisheit zur Bewältigung der vielen Hürden des Lebens. Er widmet sich Themenfeldern wie Beziehungen und Liebe, aber auch den Schattenseiten des Lebens wie Angst und Einsamkeit. Er behandelt bedeutende Fragen, die uns Menschen beschäftigen, und offenbart den besten Weg, sich selbst treu zu bleiben.

Jiddu Krishnamurtis Lehren wurden von Millionen Menschen aus allen Gesellschaftsschichten geschätzt und zeigen uns, dass es nicht den einen Weg gibt, keine höhere Autorität, keinen Guru, dem wir folgen können, sondern dass es letztlich unsere eigene Verantwortung ist, wie wir unser Leben gestalten.

304 Seiten | Hardcover | 18,00 € (D) | 18,70 € (A) | ISBN 978-3-95972-416-0